现代公共文化服务发展与建设研究

王　菁　马志红　成永娜　著

群言出版社
QUNYAN PRESS

· 北 京 ·

图书在版编目（ＣＩＰ）数据

现代公共文化服务发展与建设研究 / 王菁，马志红，成永娜著. -- 北京 ：群言出版社，2024．7．-- ISBN 978-7-5193-0986-2

Ⅰ．G123

中国国家版本馆 CIP 数据核字第 2024BU8070 号

责任编辑： 侯　莹
封面设计： 知更壹点

出版发行 群言出版社
地　　址： 北京市东城区东厂胡同北巷1号 （100006）
网　　址： www.qypublish.com（官网书城）
电子信箱： qunyancbs@126.com
联系电话： 010-65267783　65263836
法律顾问： 北京法政安邦律师事务所
经　　销： 全国新华书店

印　　刷： 河北赛文印刷有限公司
版　　次： 2025年1月第1版
印　　次： 2025年1月第1次印刷
开　　本： 710mm×1000mm　1/16
印　　张： 11.25
字　　数： 225千字
书　　号： ISBN 978-7-5193-0986-2
定　　价： 72.00元

作者简介

　　王菁，女，1987年3月出生，毕业于中国戏曲学院戏剧影视文学专业，民盟盟员，现任邯郸市群艺馆副馆长。

　　马志红，女，1980年3月出生，副研究馆员，现任邯郸市群艺馆副馆长。

　　成永娜，女，1983年9月出生，现任邯郸市群艺馆非遗部副主任，主要从事非物质文化遗产研究与保护工作。

前　言

公共文化服务是指由政府或社会组织提供的，以满足人民群众基本文化需求为目的的服务，旨在促进公民文化素质的提高、文化多样性、文化产业发展和国家文化软实力的提升。

现代公共文化服务在社会发展中发挥着重要作用。首先，公共文化服务是社会文化多元化的体现，通过提供各种形式的文化服务，丰富人们的文化生活，增强人们的文化认同感和归属感。其次，公共文化服务有利于促进文化创新和文化产业的发展，为经济社会发展注入新动能。再次，公共文化服务有助于推动文化传承和保护，维护国家文化自信和文化安全。最后，公共文化服务可以促进社会公平与和谐，让文化资源更加平等地分配到每个人，消除文化贫困现象，缩小社会文化差距，增进社会稳定与和谐。

要实现现代公共文化服务的长期发展，政府应制定相关政策，明确公共文化服务的发展目标和优势，并加大财政投入；建设更多的图书馆、博物馆、文化中心等公共文化设施，覆盖城乡各地，满足不同人群的需求；举办艺术展览、音乐会、戏剧演出、文化节庆等多样化的文化活动，吸引公众参与；开展文化教育和普及活动，增强公众的文化素养和文化意识；利用互联网和数字技术手段，推动公共文化服务的创新和发展。总之，长效发展现代公共文化服务需要政府、社会组织和公众共同努力。

本书共五章。第一章是现代公共文化服务概述，主要内容有现代公共文化服务的基本内容、现代公共文化服务相关政策、现代公共文化服务相关研究。第二章是现代公共文化服务标准体系建设，主要内容有现代公共文化服务标准体系建设的研究范畴和理论基础、现代公共文化服务标准体系的设计、现代公共文化服务标准体系的实施与运行过程。第三章是现代公共文化服务水平的提升，主要内容有文化消费行为和志愿精神培养、文化类型社会组织建设、现代公共文化服务中的社会力量引入、现代公共文化服务设施供给和融资。第四章是现代公共文化服务创新，主要内容有现代公共文化服务方式创新、现代公共文化服务技术创新。第五章是现代公共文化服务与公共艺术，主要内容有公共艺术概述、基于现代公共文化服务的公共艺术管理机制、基于现代公共文化服务的公共艺术评价机制。

　　在撰写本书的过程中，作者参考了大量的学术文献，得到了许多专家学者的帮助，在此表示真诚感谢。

　　本书内容系统全面，论述条理清晰、深入浅出，但由于作者水平有限，书中难免有疏漏之处，希望广大读者及时指正。

王　菁

2023 年 11 月

目　录

第一章　现代公共文化服务概述

本章主要从以下三个方面展开分析：现代公共文化服务的基本内容、现代公共文化服务相关政策、现代公共文化服务相关研究。

第一节　现代公共文化服务的基本内容

一、公共文化服务的基本概念

公共服务是指公共部门与准公共部门为满足社会公众需求，提供公共产品和准公共产品的服务行为的总称。公共部门与准公共部门提供公共服务的目的是实现普遍人权和促进社会福利。公共服务的提供是基于公民与国家之间的关系，以及公民的需求来驱动的。党的十六届三中全会首次明确提出将提供公共服务作为政府职能之一。以政府为代表的公共部门运用公共权力，调动公共资源，面向社会，满足公众特定的、直接的需求，这种提供服务的形态就是公共服务。

将公共服务的定义扩展到公共文化领域，可将公共文化服务的定义表述为"公共部门为满足社会公众的文化需要，提供公共文化产品的服务行为的总称"[①]。公共文化服务是文化领域的公共服务，是公共服务的具体形态之一和重要组成部分。党的十六大提出"要加强政府对文化公益事业扶持的力度，为人民群众提供良好的公共文化服务"，这是我国政府首次明确将公共文化服务作为文化事业发展的任务。党的二十大提出"实施国家文化数字化战略，健全现代公共文化服务体系，创新实施文化惠民工程"。

二、公共文化服务的特点

公共文化服务的特点如下。

---

① 王全吉，周航. 浙江公共文化服务创新研究［M］. 杭州：浙江大学出版社，2013.

公共文化服务是公共服务与文化服务的有机关联。

公共文化服务属于公共物品的范畴，因此公共文化服务也具有公共物品的最根本属性——公共性，即获得公共文化服务的非竞争性和非排他性。但实际生活中，往往会出现公共文化服务弱竞争性或弱排他性的情况。

公共文化服务的公共性决定了其无法由市场自发提供，而是主要由公共部门或准公共部门提供。在我国，公共文化服务主要由各级文化事业单位和相关管理部门来提供和管理。文化馆、图书馆、博物馆、美术馆等机构是提供公共文化服务的主体。

公共文化服务包括文化产品与文化服务两种形态。文化产品是固化的文化服务，如书籍、报纸等；文化服务则主要是一种过程，没有实体。

三、公共文化服务体系的主体

在我国文化体制改革的过程中，公益性文化事业和经营性文化产业的边界逐渐清晰，党的十六大以后，开始将公益性文化事业表述为"公共文化服务体系"。近年来，得益于我国政府的大力推动，公共文化服务体系建设取得了迅猛发展。政府主导、社会参与形成的普及文化知识、传播先进文化、提供精神食粮、满足人民群众文化需求、保障人民群众文化权益的各种公益性文化机构和服务，统称为公共文化服务体系。我国公共文化服务体系的主体主要包括以下五个方面。

（一）文化行政部门

文化行政部门是履行公共文化服务职责的政府部门，是公共文化服务体系建设的责任主体。在我国的国家行政体系中，中华人民共和国文化和旅游部（简称文化和旅游部）是国务院的组成部门，主要负责贯彻落实党的文化工作方针政策，研究拟定文化和旅游政策措施，起草文化和旅游法律法规草案。文化和旅游部的职责还包括统筹规划文化事业、文化产业和旅游业的发展，推进文化和旅游体制机制改革，管理全国性重大文化活动，指导国家重点文化设施建设，组织国家旅游整体形象推广。

此外，文化和旅游部还负责非物质文化遗产保护，推动非物质文化遗产的保护、传承、普及、弘扬和振兴。它还指导文化和旅游市场发展，对文化和旅游市场经营进行行业监管，推进文化和旅游行业信用体系建设。文化和旅游部还管理国家文物局，以及完成党中央、国务院交办的其他任务。

在地方层面，各省、自治区、直辖市也设有文化和旅游厅、文化和旅游局，负责当地文化和旅游事业的发展与管理，落实中央的文化政策、方针与规划。

（二）文化事业单位

文化事业单位是提供公共文化服务的主体，如中国艺术研究院（中国非物质文化遗产保护中心）、中国国家图书馆、故宫博物院、中国国家博物馆、国家京剧院、中国国家话剧院、中国歌剧舞剧院等，都是文化和旅游部的直属事业单位。

（三）民间组织

公共文化服务的相关行业协会、专家团体等民间组织也是公共文化服务体系的重要组成部分，可以对公共文化服务进行第三方评价或直接参与公共文化服务过程。

（四）企业

部分公共文化产品与服务可由企业生产和提供，政府向企业购买后再提供给用户。

（五）社会公众

公共文化服务的实际享受者、消费者，理论上包括我国全体公民。

四、公共文化服务的基本范围

哪些服务属于公共文化服务？公共文化服务的内涵与边界如何界定？目前，我国政府和学术界尚未得出统一的结论。

国家统计局制定了《文化及相关产业分类（2012）》，为文化及相关产业统计提供了统一的定义和范围。《文化及相关产业分类（2012）》把文化生产活动划分为2个部分（文化产品生产、文化相关产品生产）、10个大类、50个中类和120个具体文化活动小类。从广义上说，这10个大类及其具体小类都应属于公共文化服务的范畴。2018年4月，国家统计局发布《文化及相关产业分类（2018）》，其在《文化及相关产业分类（2012）》的基础上，保持原有的定义、分类原则不变，新增加了符号文化及相关产业定义的活动小类，重点调整了分类方法和类别结构，以适应当前我国互联网时代文化新业态不断涌现的新形势，满足文化体制改革和文化发展规划的需要。

随着文化事业的发展和公众精神文化需求的持续高涨，公共文化服务的内涵和外延将不断扩展，服务项目的种类更多，内容也将更加丰富。

第二节　现代公共文化服务相关法律规定

一、《中华人民共和国公共文化服务保障法》总则

第一条　为了加强公共文化服务体系建设，丰富人民群众精神文化生活，传承中华优秀传统文化，弘扬社会主义核心价值观，增强文化自信，促进中国特色社会主义文化繁荣发展，提高全民族文明素质，制定本法。

第二条　本法所称公共文化服务，是指由政府主导、社会力量参与，以满足公民基本文化需求为主要目的而提供的公共文化设施、文化产品、文化活动以及其他相关服务。

第三条　公共文化服务应当坚持社会主义先进文化前进方向，坚持以人民为中心，坚持以社会主义核心价值观为引领；应当按照"百花齐放、百家争鸣"的方针，支持优秀公共文化产品的创作生产，丰富公共文化服务内容。

第四条　县级以上人民政府应当将公共文化服务纳入本级国民经济和社会发展规划，按照公益性、基本性、均等性、便利性的要求，加强公共文化设施建设，完善公共文化服务体系，提高公共文化服务效能。

第五条　国务院根据公民基本文化需求和经济社会发展水平，制定并调整国家基本公共文化服务指导标准。

省、自治区、直辖市人民政府根据国家基本公共文化服务指导标准，结合当地实际需求、财政能力和文化特色，制定并调整本行政区域的基本公共文化服务实施标准。

第六条　国务院建立公共文化服务综合协调机制，指导、协调、推动全国公共文化服务工作。国务院文化主管部门承担综合协调具体职责。

地方各级人民政府应当加强对公共文化服务的统筹协调，推动实现共建共享。

第七条　国务院文化主管部门、新闻出版广电主管部门依照本法和国务院规定的职责负责全国的公共文化服务工作；国务院其他有关部门在各自职责范围内负责相关公共文化服务工作。

县级以上地方人民政府文化、新闻出版广电主管部门根据其职责负责本行政区域内的公共文化服务工作；县级以上地方人民政府其他有关部门在各自职责范围内负责相关公共文化服务工作。

第八条　国家扶助革命老区、民族地区、边疆地区、贫困地区的公共文化服务，促进公共文化服务均衡协调发展。

第九条　各级人民政府应当根据未成年人、老年人、残疾人和流动人口等群体的特点与需求，提供相应的公共文化服务。

第十条　国家鼓励和支持公共文化服务与学校教育相结合，充分发挥公共文化服务的社会教育功能，提高青少年思想道德和科学文化素质。

第十一条　国家鼓励和支持发挥科技在公共文化服务中的作用，推动运用现代信息技术和传播技术，提高公众的科学素养和公共文化服务水平。

第十二条　国家鼓励和支持在公共文化服务领域开展国际合作与交流。

第十三条　国家鼓励和支持公民、法人和其他组织参与公共文化服务。

对在公共文化服务中作出突出贡献的公民、法人和其他组织，依法给予表彰和奖励。

二、《中华人民共和国公共文化服务保障法》中规定的公共文化服务品类

第二十七条　各级人民政府应当充分利用公共文化设施，促进优秀公共文化产品的提供和传播，支持开展全民阅读、全民普法、全民健身、全民科普和艺术普及、优秀传统文化传承活动。

第二十八条　设区的市级、县级地方人民政府应当根据国家基本公共文化服务指导标准和省、自治区、直辖市基本公共文化服务实施标准，结合当地实际，制定公布本行政区域公共文化服务目录并组织实施。

第二十九条　公益性文化单位应当完善服务项目、丰富服务内容，创造条件向公众提供免费或者优惠的文艺演出、陈列展览、电影放映、广播电视节目收听收看、阅读服务、艺术培训等，并为公众开展文化活动提供支持和帮助。

国家鼓励经营性文化单位提供免费或者优惠的公共文化产品和文化活动。

第三十条　基层综合性文化服务中心应当加强资源整合，建立完善公共文化服务网络，充分发挥统筹服务功能，为公众提供书报阅读、影视观赏、戏曲表演、普法教育、艺术普及、科学普及、广播播送、互联网上网和群众性文化体育活动等公共文化服务，并根据其功能特点，因地制宜提供其他公共服务。

第三十一条　公共文化设施应当根据其功能、特点，按照国家有关规定，向公众免费或者优惠开放。

公共文化设施开放收取费用的，应当每月定期向中小学生免费开放。

公共文化设施开放或者提供培训服务等收取费用的，应当报经县级以上人民政府有关部门批准；收取的费用，应当用于公共文化设施的维护、管理和事业发展，不得挪作他用。

公共文化设施管理单位应当公示服务项目和开放时间；临时停止开放的，应当及时公告。

第三十二条　国家鼓励和支持机关、学校、企业事业单位的文化体育设施向公众开放。

第三十三条　国家统筹规划公共数字文化建设，构建标准统一、互联互通的公共数字文化服务网络，建设公共文化信息资源库，实现基层网络服务共建共享。

国家支持开发数字文化产品，推动利用宽带互联网、移动互联网、广播电视网和卫星网络提供公共文化服务。

地方各级人民政府应当加强基层公共文化设施的数字化和网络建设，提高数字化和网络服务能力。

第三十四条　地方各级人民政府应当采取多种方式，因地制宜提供流动文化服务。

第三十五条　国家重点增加农村地区图书、报刊、戏曲、电影、广播电视节目、网络信息内容、节庆活动、体育健身活动等公共文化产品供给，促进城乡公共文化服务均等化。

面向农村提供的图书、报刊、电影等公共文化产品应当符合农村特点和需求，提高针对性和时效性。

第三十六条　地方各级人民政府应当根据当地实际情况，在人员流动量较大的公共场所、务工人员较为集中的区域以及留守妇女儿童较为集中的农村地区，配备必要的设施，采取多种形式，提供便利可及的公共文化服务。

第三十七条　国家鼓励公民主动参与公共文化服务，自主开展健康文明的群众性文化体育活动；地方各级人民政府应当给予必要的指导、支持和帮助。

居民委员会、村民委员会应当根据居民的需求开展群众性文化体育活动，并协助当地人民政府有关部门开展公共文化服务相关工作。

国家机关、社会组织、企业事业单位应当结合自身特点和需要，组织开展群众性文化体育活动，丰富职工文化生活。

第三十八条　地方各级人民政府应当加强面向在校学生的公共文化服务，支持学校开展适合在校学生特点的文化体育活动，促进德智体美教育。

第三十九条　地方各级人民政府应当支持军队基层文化建设，丰富军营文化体育活动，加强军民文化融合。

第四十条　国家加强民族语言文字文化产品的供给，加强优秀公共文化产品的民族语言文字译制及其在民族地区的传播，鼓励和扶助民族文化产品的创作生产，支持开展具有民族特色的群众性文化体育活动。

第四十一条　国务院和省、自治区、直辖市人民政府制定政府购买公共文化服务的指导性意见和目录。国务院有关部门和县级以上地方人民政府应当根据指导性意见和目录，结合实际情况，确定购买的具体项目和内容，及时向社会公布。

第四十二条　国家鼓励和支持公民、法人和其他组织通过兴办实体、资助项目、赞助活动、提供设施、捐赠产品等方式，参与提供公共文化服务。

第四十三条　国家倡导和鼓励公民、法人和其他组织参与文化志愿服务。

公共文化设施管理单位应当建立文化志愿服务机制，组织开展文化志愿服务活动。

县级以上地方人民政府有关部门应当对文化志愿活动给予必要的指导和支持，并建立管理评价、教育培训和激励保障机制。

第四十四条　任何组织和个人不得利用公共文化设施、文化产品、文化活动以及其他相关服务，从事危害国家安全、损害社会公共利益和其他违反法律法规的活动。

第三节　现代公共文化服务相关研究

一、现代公共文化服务含义的相关研究

自从 2005 年党的十六届五中全会在《中共中央关于制定国民经济和社会发展第十一个五年规划的建议》中提出"公共文化服务"这一概念以来，我国学术界对于公共文化服务的理论研究取得了丰硕的成果。众多学者纷纷从不同的角度对公共文化服务的实施主体、服务目标及服务模式进行了深入的探讨和解释。

陈威认为，公共文化服务是由公共部门或准公共部门共同生产或供应的，目标是可以让社会成员的基本文化需求得到满足，将提升公众文化素质和文化生活水平作为宗旨，使公众得到一定的基本精神文化享受，与此同时也是维持社会生存和发展必需的文化环境与条件的公共产品和服务行为的统称。[①]

---

① 陈威. 公共文化服务体系研究［M］. 深圳：深圳报业集团出版社，2006.

　　较多研究人员将政府的主导性放置在比较重要的地位之上，也注意到了公共文化服务本身具备的比较特殊的公益性和服务性。然而，公共文化服务所蕴含的更为深刻的内涵却被置于次要地位。事实上，公共文化服务是在社会发展过程中，对制度环境提出更高要求的情况下，产生的一种公共服务行为。在当前我国的环境下，提升公共文化服务水平不仅应确保公众基本文化需求得到满足，还应在我国软实力提升的过程中发挥积极作用。现阶段，世界范围内各个国家在各个领域当中的竞争都变得越发激烈，逐步提升文化认同感及国家软实力成为各个国家战略领域中的重要构成成分之一，但是在各项研究工作进行的过程中，却没有能够将公共文化服务提升到国家软实力的高度之上。

二、现代公共文化服务构建主体的相关研究

　　一些学者对公共文化服务构建的主体展开了研究，一般情况下可以将相关观点划分为两种。

　　第一种观点认为，公共文化服务由政府主导，具有显著的文化教育及普及特性，同时应体现其公益性，不得采取市场化运营管理模式，以规避市场经济体制潜在的不足，应当让政府有关部门将主导作用充分地发挥出来。

　　杨建新提出，公共文化服务机制中的主体建设者应当是党委、政府有关部门，因此公共文化服务机制的构建工作应当交由各级党委和政府有关部门完成，公共文化服务机制的构建工作应当被放置在社会发展及我国国民经济整体目标当中。①

　　王大为提出，公共文化服务应当交由政府主管，政府在公共文化服务事业领域当中发挥出来的领导作用应当不断地得到强化，他在著述当中将公共文化服务本身的公有性、公益性、公众性及共享性放置在比较重要的地位之上。②

　　第二种观点认为，政府在公共文化服务机制构建过程中应充分发挥整个社会的力量，逐步形成多元化的公共文化服务模式。这种观点强调，我们不能仅仅依赖政府供给这一单一模式，而应充分利用市场机制，并引入公平竞争机制，以提高公共文化服务的水平。

　　一是充分发挥社会力量意味着激活民间资源，鼓励和引导社会资本投入公共文化服务领域。这既可以弥补政府投入的不足，又能提供更多元、更符合民众需

① 杨建新. 大力构建公共文化服务体系［J］. 今日浙江，2005（10）：20-21.
② 王大为. 公共文化服务的基本特征与现代政府的文化责任［J］. 齐齐哈尔高等师范专科学校学报，2007（3）：67-69.

求的公共文化产品和服务。例如，可以鼓励企业、社会组织、公民个人等参与公共文化设施的建设、运营和管理，形成政府、市场、社会共同参与的公共文化服务格局。

二是利用市场机制可以提高公共文化服务的效率。市场机制能够根据需求和供给的平衡自动调整公共文化服务的资源配置，使得公共文化服务更加精准、有效。同时，市场竞争也能激发公共文化服务提供者的创新意识，促使他们提高服务质量。

李少惠提出，在公共文化服务机制构建工作进行的过程中，占据核心地位的是政府，占据竞争参与主体地位的是企业，占据重要主体地位的是非政府组织，占据基础性主体地位的是社区。[①]

巩玉丽提出，政府、非政府组织、文化事业单位及企业是构建公共文化服务机制过程中应当使用到的四个方面的内容。这四个方面的内容在公共文化服务机制构建工作进行的过程中承担的职责是不同的，假如说想要让公共文化服务机制构建工作的力度得到一定提升的话，那么应当将政府主导作用充分发挥出来，将文化事业单位的骨干作用充分发挥出来，倡导整个社会参与建设工作，以便于可以在公共文化服务机制构建工作进行的过程中发挥出来一定的促进性作用。[②]

三、现代公共文化服务均等化的相关研究

公共文化服务均等化是指公共部门及准公共部门为社会各领域相关人员提供的基本公共文化服务，在不同阶段实施差异化标准，最终实现大致均等。为实现这一目标并平等满足我国社会公众日益增长的多元化公共文化需求，公共部门及准公共部门应在城乡差距缩小的过程中发挥促进作用，真正实现每个人之间的平等。现阶段针对公共文化服务均等化这个领域开展的理论政策研究工作的数量非常多，其中具备一定代表性的观点如下。

在公共文化服务均等化内涵的定义领域，有研究人员主张，公共文化服务均等化应在尊重文化自由选择权的基础上，遵循公平原则所提出的要求，并将社会文化平均水平视为前提条件，以便在各个区域的公民文化需求中，提供大致均等的文化产品和服务。

在我国推进公共文化服务均等化目标的过程中，各个层面都暴露出了一系列

① 李少惠，等. 走向治理：公共文化服务的现代转型与西部实践［M］. 北京：社会科学文献出版社，2023.
② 巩玉丽. 公共文化服务体系的改革取向及职能定位［J］. 中共青岛市委党校（青岛行政学院学报），2008（2）：27-30.

相关问题。大部分学术领域的研究人员认为，当前我国公共服务均等化问题主要表现为城乡之间的差距较大。其中，城乡公共文化服务的差异化问题较为严重，具体表现在农村基本公共文化服务领域的资金投入方面尚显不足。这导致了农村地区的公共文化服务发展受到限制，难以满足广大农民群众的文化需求，人才队伍整体专业素质水平比较低。另外，我国农村文化消费领域中也呈现出一种较为低迷的态势。

针对上述问题展开研究工作，大部分研究人员从管理、制度及实践的角度上提出了一些有效的意见：提高农民对参与公共文化活动重要性的认识，逐步推动公共文化服务内容向多样化发展；在农村公共文化服务机制领域中实行改革措施，逐步依据我国农村公共文化服务机制领域的实际情况构建出比较完善的公共财政制度；优化农村地区公共文化建设资金配置，助力公共服务水平提升等。

虽然现阶段我国有很多研究人员对公共文化服务均等化理论的含义、问题及意见作出了限定，但针对公共文化服务均等化水平的评价及其实际应用的研究却相对较少。此外，对于公共文化服务供给领域中地域、城乡及阶级之间发展不均衡问题的研究也仅为少数研究人员所关注。

贺芒和陈彪针对浙江省、广东省及上海市的基本公共文化服务实际情况展开比较分析，并构建出了基本公共文化服务均等化评价理论模型及均等化程度评估指标体系。其中，包含基本公共文化服务能力运行效率评价这一个一级指标及与之相对应的"服务规模、服务质量、资源运行效率、公平公正、可持续性"[①]5 个二级指标。

顾金喜、宋先龙和于萍针对我国东西部之前的基本公共文化服务之间的差异展开比较分析，在遵循"SMART"［Specific（明确性）、Measurable（衡量性）、Attainable（可实现性）、Relevant（相关性）、Time-based（时限性）］原则的基础上构建出了基本公共文化服务均等化指标体系，其中包含投入和产出两个维度，以及"17 个指标相互融合在一起构建出来的评价指标体系"，[②] 同时还针对西部地区基本公共文化服务均等化展开实例研究分析工作。

经过对现有文献的梳理，我们发现，关于公共文化服务均等化问题的研究尚处于初始发展阶段，尤其在衡量标准、均等化监测进程及绩效评价指标体系等方

① 贺芒，陈彪. 文化嵌入视域下的社会治理共同体构建：缘起、模式与路径［J］. 社会科学文摘，2021（12）：85-87.
② 顾金喜，宋先龙，于萍. 基本公共文化服务均等化问题研究：以区域间对比为视角［J］. 中共杭州市委党校学报，2010（5）：56-60.

面，研究成果较为有限。当前的研究主要集中在概念、意义领域，而公共文化服务均等化方面的实质性研究则较为缺乏。在这个过程中，应当明确下来的问题是基本公共文化服务均等化统一标准，并应当在实际工作的过程中逐渐构建出基本公共文化服务均等化综合性评价体系，以此为基础，才可以在我国政府公共文化服务机制构建工作进行的过程中，以及基本公共文化服务均等化目标实现的过程中起到一定的促进作用。

第二章　现代公共文化服务标准体系建设

本章主要从以下三个方面展开分析：现代公共文化服务标准体系建设的研究范畴和理论基础、现代公共文化服务标准体系的设计、现代公共文化服务标准体系的实施与运行过程。

第一节　现代公共文化服务标准体系建设的研究范畴和理论基础

一、现代公共文化服务标准体系建设的研究范畴

（一）现代公共文化服务标准的分类与作用

1. 现代公共文化服务标准的分类

当今世界各国的现代公共文化服务标准种类繁多，分类方法各不相同。常见的分类方法有按照标准的适用范围划分、按照标准实施的约束力划分、按照标准的表现形式划分、按照标准化对象的基本属性或类型划分等。为了对标准文献进行科学有效的管理，便于标准的检索与利用，许多国家编制了专门的标准文献分类法。影响力较大的是国际标准化组织（ISO）编制的《国际标准分类法》（ICS）。ICS 采用的是等级制分类法，ICS 第七版将标准文献分为 40 个大类、896 个三级类。ICS 的各级类目全部采用阿拉伯数字作为标识符号。我国结合具体国情也自行编制了《中国标准文献分类法》（CCS）。CCS 的类目设置以专业划分为主，适当结合学科分类，由 24 个一级类目和若干个二级类目组成，一级类目和二级类目间又设置了分面标识。类目的标记符号由英文字母与阿拉伯数字组成，英文字母表示一级类目，采用 2 位数字表示二级类目。

服务标准是规定服务应满足的要求以确保其适用性的标准，公共文化服

务标准属于服务标准的范畴。国家标准《服务标准编写通则》（GB/T 28222—2011）将服务标准划分为三种类型：服务基础标准、服务提供标准、服务评价标准。国家标准《服务业组织标准化工作指南 第 2 部分：标准体系构建》（GB/T 24421.2—2023）规定了服务业组织标准体系的术语和定义，以及总体结构与要求。该标准规定服务业组织的标准体系由服务基础标准、服务保障标准、服务提供标准三个子体系组成。由此可见，即使在国家标准中，对服务标准的分类也未完全统一。现有的服务标准类型包括基础标准、通用标准、提供标准、保障标准、评价标准等，公共文化服务标准可根据实际需要来进行灵活分类。国家标准《服务标准化工作指南》（GB/T 15624—2011）、《服务标准编写通则》（GB/T 28222—2011）等都对服务标准的制定和起草的基本要求进行了规定。

2. 现代公共文化服务标准的作用

公共文化服务标准的价值体现在其实际应用之中。根据各项标准的内容及适用对象特点，公共文化服务标准能在以下几个方面发挥其应有的作用。

（1）公共文化服务标准是认证的依据

认证机构根据公共文化服务标准，对公共文化服务机构的产品、服务与管理进行合格评定，这一过程具有重要意义。一是有助于公共文化服务机构建立和完善质量管理体系。通过认证机构的评定，机构可以找出自身在服务质量、管理等方面的不足，并采取相应措施进行改进，从而提升整体服务水平。二是认证机构的合格评定能为公共文化服务机构树立更高的信誉。在众多公共文化服务机构中，通过认证的机构意味着在质量、管理等方面达到了一定的标准，这有助于吸引更多公众前来参与和体验服务。同时，这也有利于提升社会公众对公共文化服务的信心，促使他们更加积极地参与公共文化活动。三是认证机构的合格评定还能指导社会公众对公共文化服务的选择。公众可以根据认证结果，选择服务质量高、管理规范的公共文化服务机构，从而确保自身权益得到保障。这种选择机制还有助于推动公共文化服务机构之间的竞争，促使各机构不断提高服务质量，以满足公众日益增长的文化需求。

（2）公共文化服务标准为法律、政策制定提供依据

一旦公共文化服务标准被法律所引用，其便具备了强制性。例如，卫生和安全方面的标准在被法律引用后，就必须在公共文化服务过程中予以强制执行。同时，公共文化服务标准也为政府部门制定相关政策提供了参考依据。例如，公共文化服务的投入保障标准、相关设施的建设标准及人员配置标准等，均可作为政

府实施管理的准则。

（3）公共文化服务标准是政府采购的依据

在我国的公共文化服务体系中，政府、企业和社会第三方机构共同参与，形成多元化供给模式。其中，部分公共文化服务或产品可以由企业或社会第三方机构提供，政府则负责进行采购。这种模式有利于激发市场活力，提高公共文化服务的质量和效率。在采购过程中，政府需要依据相应的公共文化服务标准来对产品或服务的质量进行检测和保障。这些标准涵盖了服务质量、文化价值、实用性等多个方面，以确保民众能够享受到高质量的文化产品和服务。同时，政府还需要对提供公共文化服务的企业或社会第三方机构进行严格筛选，确保其具备良好的信誉和实力。只有质量不低于相关标准的产品和服务，才能获得政府的采购。

（4）公共文化服务标准是质量监督与管理的依据

政府质量技术监督部门、公共文化服务相关行政主管部门、社会第三方机构及社会公众应共同遵循统一的标准，对公共文化服务展开评估，并且监督公共文化服务标准的执行情况。此外，公共文化服务的评价、监督及管理过程也需要依据相应标准进行。

（5）为公共文化服务机构提供行为准则

在执行公共文化服务任务时，公共文化服务机构对服务内容、服务质量、服务方式及人员资质等方面的管理，都可以参考并运用相应的公共文化服务标准。这些标准是社会先进技术成果和管理理念的集中体现，通过实施公共文化服务标准，有助于提升机构的服务水平和服务效率，从而更好地满足广大人民群众的文化需求。

（二）现代公共文化服务标准体系的总体目标与基本特征

1. 现代公共文化服务标准体系的总体目标

公共文化服务标准体系是我国文化事业发展的重要支撑，对于提升公共文化服务水平、保障人民群众基本文化权益具有重要作用。然而，我国当前的公共文化服务标准体系尚存在一定的空白和不足，需要我们深入分析、研究并完善。这需要我们对比国内外先进的公共文化服务标准，识别出我国在公共文化服务领域的标准缺失，从而为我国公共文化服务标准修订提供依据。我们要进行公共文化服务标准体系的需求分析，了解当前公共文化服务领域的实际需求，为制定科学全面、系统配套的公共文化服务标准体系框架提供数据支持。通过这一步骤，我们可以确保公共文化服务标准体系框架的合理性和实用性，使其更好地服务于我国公共文化事业发展。

2. 现代公共文化服务标准体系的基本特征

随着我国标准化事业的蓬勃发展，标准数量呈现出爆炸式增长。这不仅标志着我国在经济、科技、文化等各个领域的日益进步，还体现了我国对于规范化、高效化生产与生活的不断追求。在这个过程中，各个标准之间开始自发地产生关联，形成一个相互补充、相互依赖的有机整体。为了更好地发挥这些标准的作用，相关标准逐渐以标准体系的形式协同发挥作用，以实现更高效、更优化的生产和服务。在这样的背景下，越来越多的标准化工作者认识到，任何一个标准都并非孤立存在，而是处于一个更大的系统之中。在这个系统中，各个标准之间及系统外的相关标准之间都存在着密切的相互联系和制约关系。这种关系使标准不再是单一的、孤立的存在，而是相互交织、相互影响的。2018年，我国发布的国家标准《标准体系构建原则和要求》（GB/T 13016—2018）中，对标准体系进行了定义："一定范围内的标准按其内在联系形成的科学的有机整体。"[①] 公共文化服务标准体系就是在公共文化服务的相关领域内，按标准化对象的内在联系形成的标准系统，其主要特征就是具有结构性和系统性。

结构性是标准化过程中的一个核心特征，它体现在标准化对象（如产品、过程、服务等）内在的层次结构或流程结构会直接映射到标准上。在标准化过程中，各个标准之间会根据标准化对象的层次结构或流程结构进行逻辑关联，从而形成一个完整的标准体系，这个体系具有其独特的结构特点。以某种公共文化服务设备或产品为例，该产品由一些主要部件组成，每个部件又由众多零件构成，而每个零件又由多种材料制成。这种产品的结构就可以分为四个层次：产品层次、部件层次、零件层次和材料层次。当我们将这种产品作为标准化对象时，所制定的标准体系也会相应地呈现出四个层次，即产品标准、部件标准、零件标准和材料标准。

公共文化服务标准体系的系统性体现在各项标准的协调性与相关性上。在制定或修改某一标准时，制定者务必充分考虑其对其他相关标准的影响，以免产生矛盾。只有标准体系内各标准相互衔接、配套，而非孤立存在，方能发挥系统效应，实现标准体系的整体目标和作用。

---

① 中国标准化研究院. 标准体系构建原则和要求：GB/T 13016-2018 [S]. 北京：中国标准出版社，2018.

（三）现代公共文化服务标准体系的必要性与可行性

1. 现代公共文化服务标准体系的必要性

（1）保障公民文化权利的需要

《世界人权宣言》《经济、社会及文化权利国际公约》《公民权利和政治权利国际公约》是国际人权领域的重要文书，它们共同构成了"国际人权宪章"，为保障全球人民的文化权利提供了坚实的法律基础。这三项国际公约都将文化权利视为基本人权的重要组成部分，凸显了文化权利在现代社会中的重要地位。我国政府高度重视人权保障工作，在1997年签署了《经济、社会及文化权利国际公约》。通过这一公约，我国政府正式承认了公民享有基本文化权利，包括享受公共文化服务。在我国，公共文化服务是每个人的基本文化权利，政府有责任为广大人民群众提供丰富、多样的公共文化产品和服务。标准化是确保公民文化权益得到实质性保障的关键手段。只有确立了明确的服务产品标准、服务行为标准、服务技术标准及服务结果标准，公民方能明晰并依法享有自身的文化权益。

（2）文化产业与知识经济的发展需要标准的规范

经济的迅猛发展为我国公共文化服务奠定了坚实的财务基础，使得国家拥有充足的财力来提供公共文化服务。同时，文化产业在国民经济中的占比不断上升，文化服务与产品的种类和数量持续增加，从而提升了国家提供公共文化服务和产品的能力，并提高了服务质量。这些因素共同对公共文化服务的质量提出了更高的要求。文化消费的崛起，为文化产业的发展提供了前所未有的契机。作为21世纪的朝阳产业，文化产业不但满足了人民群众日益增长的精神文化需求，而且在促进国民经济增长方面发挥着重要作用。文化产业涵盖广泛，包括新闻出版发行、广播电视电影、文化艺术、文化信息传输、文化创意和设计、文化休闲娱乐、工艺美术品生产等。在这些领域中，我国文化产业以其独特的资源优势和市场潜力，实现了高速发展。近年来，我国文化产业产值以高于20%的速度逐年增长，产业规模和从业人数也快速上升，显示出文化产业在我国经济发展中的重要地位。标准化是提高服务质量、规范文化事业和发展文化产业的重要手段，我国迫切需要尽快构建一套系统性、集成性强且应用性突出的公共文化服务标准体系。

（3）文化与科技融合的现实需求

随着科技的飞速发展，新科技正在对文化需求和文化产品与服务提供方式产生深远影响。这些新兴技术不仅改变了人们的生活方式，还为文化产业的创新发展提供了广阔的空间。在国家科技计划的支持下，我国在文化科技相关领域已经取得了一系列重要成果，为全面推动文化科技发展奠定了坚实基础。云计算、物联网、移动互联网等新技术为文化产业的创作、传播、展示和消费提供了全新的可能。网络直播、短视频、虚拟现实（VR）等技术的发展，让文化艺术、广播影视、网络文化等行业呈现出前所未有的创新态势。此外，大数据分析技术使得文化企业能够精准把握市场需求，为用户提供更加个性化的文化产品和服务。为了更好地推动文化科技的发展，我国在公共文化服务领域加强了对新兴科技成果的应用。开展文化艺术、广播影视、网络文化等行业关键设备、集成系统与服务规范的标准研制，一方面有助于提升服务质量，另一方面有助于促进文化与科技的深度融合。通过制定相应的技术应用标准、服务提供规范、设施设备标准，新兴科技成果在公共文化服务中的应用得到了广泛推广。充分发挥新兴科技成果的作用，需要制定一系列技术应用标准和服务提供规范，以推动科技成果在公共文化服务中的广泛应用。

（4）公共文化服务均等化需要以标准化为基础

社会主义核心价值观中的"平等"和"公正"在我国公共文化服务领域得到了充分体现。每个公民都有权利享有公平公正的公共文化服务，包括均等的机会和基本相同的服务效果。然而，受经济发展水平、公共资源配置及人口分布等因素的影响，我国的公共文化服务在城乡之间、地区之间存在着不平衡现象。为了缩小这些差距，实现公共文化服务的均等化，我们需要建立健全公共文化服务标准化体系。这一体系有助于统一公共文化产品与服务的种类、数量、内容及质量，确保全国范围内的公民都能享有基本相同的机会获得相似的公共文化产品与服务，并享受到大致相等的服务效果。这正是公共文化服务标准化在推动服务均等化方面的重要作用。

（5）孤立的标准难以满足公共文化服务系统发展的需要

近年来，我国在公共文化服务领域取得了显著的进展。一系列相关标准的制定和发布，如国家标准《公共图书馆服务规范》（GB/T 28220—2023）等，为特定种类的公共文化服务提供了规范和指导。然而，公共文化服务是一个庞大且复杂的系统，具有丰富的内涵。它涵盖了报纸、书籍、新闻、广播、电影、电视、戏曲等众多文化娱乐活动，形成了多元化的服务形态。在这样的背景下，孤立的标准难以对公共文化服务产生显著的推动作用。这是因为公共文化服务需要的不仅仅是一两个标准，而是一整套科学、系统、完整的标准体系。在这个体系中，各个标准相互依赖、相互协同，共同发挥出系统效应。公共文化服务的发展才能得到有效规范，服务质量才能得到全面提升。

2. 现代公共文化服务标准体系的可行性

（1）政府的政策方针为公共文化服务标准化提供依据

标准化是推动公共文化服务均等化和科学化的重要手段。在构建和提升公共文化服务体系的过程中，我国政府越来越意识到标准化的重要性。在"十二五"时期，政府不断发布相关政策和文件，以推进公共文化服务标准化建设。在政府的高度重视和大力推动下，我国公共文化服务体系的标准化水平持续提升。

2012年8月，我国国家标准化管理委员会联合文化部、教育部、国家发展和改革委员会等26个部门，共同制定了《社会管理和公共服务标准化工作"十二五"行动纲要》（以下简称《纲要》）。该《纲要》强调各地区和各部门要高度重视社会管理和公共服务标准化工作，并以其为指导推进相关工作。《纲要》所涵盖的社会管理和公共服务标准化领域包括公共文化体育等14个方面，共设立11项重大工程，如"公共文化服务标准化推进工程"等。此外，《纲要》明确提出，要基本构建我国公共文化服务标准体系，以确保广大人民群众基本文化权益得到有效保障，为推进社会主义文化繁荣发展提供技术支持。

2013年1月，文化部提出"推进公共文化服务的制度化、标准化和规范化建设，加快制定和完善公益性文化单位服务标准和服务规范，作为各级政府履行公共文化服务职能的规范、面向公众的服务承诺和监管公共文化服务过程的依据，提高公共文化服务的制度化、标准化和规范化水平"。各省、自治区、直辖市的相关部门负责结合实际情况贯彻执行。2013年11月，党的十八届三中全会提出要"促进基本公共文化服务标准化、均等化"。[1]2014年1月，文化部宣布2014年将推进"基本公共文化服务标准化、均等化"。[2]2014年7月，文化部在全国开展公共文化服务标准化试点工作，并发布了《公共文化服务标准化试点工作方案》，试点工作由文化部和各省（区、市）文化厅（局）共同推动，试点主体为地级市。

2015年1月，中共中央办公厅、国务院办公厅印发《关于加快构建现代公共文化服务体系的意见》，确立了《国家基本公共文化服务指导标准（2015—2020年）》，对基本公共文化服务的项目与内容，以及标准的实施、监测与评价

---

① 新华社. 中共中央关于全面深化改革若干重大问题的决定［EB/OL］.（2013-11-15）［2023-11-15］. http://www.gov.cn/zhengce/2013-11/15/content_5407874.htm.
② 中国广播网. 文化部将推进基本公共文化服务标准化、均等化［EB/OL］.（2014-01-03）［2023-11-05］. http://politics.people.com.cn/n/2014/0103/c70731-24020096.html.

进行了说明，并提出"要建立基本公共文化服务标准体系"。①

党的二十大报告强调，要健全现代公共文化服务体系，创新实施文化惠民工程。为深入贯彻落实党的二十大精神，文化和旅游部公共服务司于2023年2月在湖北武汉组织召开了推进公共文化服务高质量发展工作会议，谋划部署当前和今后一个时期健全现代公共文化服务体系的重点任务。

2023年，文化和旅游部公共服务司开展了《"十四五"公共文化服务体系建设规划》实施情况中期评估，扎实推动主要任务和重点项目落实；联合国家发展和改革委员会等部门印发《国家基本公共服务标准（2023年版）》，进一步明确了政府保障基本公共文化服务的底线和责任，有效保障了人民群众基本文化权益；会同中央宣传部、国家发展和改革委员会遴选公布了51个基层公共文化服务高质量发展典型案例，集中展示了新时代公共文化服务高质量发展的生动实践和创新成果。

2023年，《关于推动实体书店参与公共文化服务的通知》《关于持之以恒推动乡镇综合文化站创新发展的实施方案》等政策的出台，强化了城乡公共文化服务阵地建设，使相关工作有了更多抓手。

（2）标准科学的原理与方法为公共文化服务标准化提供了理论指导

标准化基本原理源于长期实践的总结、提炼与升华，对我国标准化工作具有重要的指导意义。国际标准化组织专门设立了研究标准化原理的标准化原理委员会（STACO），全球各国也有许多学者致力于研究此领域。在众多标准化原理研究中，桑德斯（Sanders）的"七项原理"、松浦四郎的"十九项原理"及我国学者李春田的"标准系统的管理原理"具有较高影响力。这些原理科学、客观地揭示了标准化活动的规律，为公共文化服务标准体系的构建、实施与推广提供了有力的理论支持。

标准化方法是指其过程及表现方式，其内容依据标准化目标与对象的不同而呈现各异。简化作为基本标准化形式，可控制产品种类、原材料、工艺装备、零部件等方面的多样性，实现标准化目标。统一化则将同类事物的多种表现形态归并为一种或限定在一定范围内，实质上是使标准化对象的形式、结构、功能或其他特征具有一致性，并通过标准予以固定。系列化作为标准化的高级形式，能够系统规划同一系列产品的参数。组合化则是依据标准化原则，编制出具有较强

---

① 新华网. 中共中央办公厅、国务院办公厅印发《关于加快构建现代公共文化服务体系的意见》［EB/OL］.（2015-01-14）［2023-11-05］. http://www.npc.gov.cn/zgrdw/npc/lfzt/rlyw/2016-04/25/content_1987687.htm.

通用性的单元，根据需求将这些单元组合成不同用途的产品。组合化过程类似于搭积木，因此也有学者将其称为"积木化"。此外，还有新兴的综合标准化，即运用系统分析方法，建立并实施标准综合体的标准化活动。经过多年的实践、总结与提升，标准科学理论与方法日臻完善，为公共文化服务标准化提供科学理论指导。

二、现代公共文化服务标准体系建设的理论基础

公共文化服务标准体系的构建与实施，旨在提升公共文化服务质量，促进文化科技融合，推进公共文化服务体系的规范化发展及实现公共文化服务均等化。我们可以借鉴标准化理论、新公共服务理论、文化社会学理论，以探索和完善公共文化服务标准体系。

（一）标准化理论

在现代社会，标准化作为一种重要的管理手段和技术工具，已经深入各个行业领域。标准化理论是对人们从事标准化实践活动的科学总结和概括，它不仅源于各个行业领域的标准化实践，还接受实践的检验，并反过来作用于实践，指导人们的标准化活动。接下来，我们将对标准化理论进行深入探讨，以期为公共文化服务标准的构建、修订与实施提供理论基础。

1. 标准与标准化

（1）标准

标准化理论首先提供了对标准的科学认识。国际上影响力较大、代表性较强的定义有盖拉德（Gaillard）在 1934 年的著作中的定义，桑德斯在 1972 年的著作中的定义，国际标准化组织的标准化原理委员会在 1996 年的定义。[①] 我国是国际标准化组织和国际电工委员会（IEC）的正式成员，2014 年在修改采用《标准化和相关活动通用词汇》（ISO/IEC 指南 2：2004）的基础上，颁布了国家标准《标准化工作指南 第 1 部分：标准化和相关活动的通用术语》（GB/T 20000.1—2014）。该文件对标准的定义为"通过标准化活动，按照规定的程序经协商一致制定，为各种活动或其结果提供规则、指南或特性，供共同使用和重复使用的文件"。

（2）标准化

在标准化事业不断发展的过程中，国内外的学者也从不同角度对"标准

---

① 洪生伟. 标准化管理［M］. 6 版. 北京：中国标准出版社，2012.

化"进行了定义。国际上较有影响力的分别是桑德斯定义和 ISO、IEC 联合发布的定义。《标准化工作指南 第 1 部分：标准化和相关活动的通用术语》（GB/T 20000.1—2014）中对标准化的定义是"为了在既定范围内获得最佳秩序，促进共同效益，对现实问题或潜在问题确立共同使用和重复使用的条款以及编制、发布和应用文件的活动"。随着全球经济、技术格局和标准化事业的飞速发展，标准和标准化也不断被赋予新的内涵。各国可能会对标准和标准化进行新的定义，但标准和标准化的本质特征在一定时期内会保持稳定。

2. 标准化的基本原理

国内外标准化专家在对大量标准化实践进行研究的基础上，总结出了标准化的一系列基本原理。桑德斯围绕标准化的目的、作用和过程（制定、实施与修订）提出了"七项原理"。[①] 松浦四郎把"熵"的概念引入标准化领域，提出了标准化的"十九项原理"。[②]

李春田是我国著名的标准化专家，他用系统论的观点来看待标准，提出了对标准系统进行宏观管理的四个原理：系统效应原理、结构优化原理、有序原理、反馈控制原理。[③] 系统效应原理是指标准系统的效应从组成该系统的标准集合中得到，并且超过了其中所有单个标准的个体效应的总和。结构优化原理是指标准系统的结构与其功能密切相关，只有经过优化的系统结构，才能使标准系统发挥较好的系统效应。有序原理也被称为熵减少原理，是指标准系统需要及时减少熵或增加负熵，才能使标准系统不断向较高有序状态发展。反馈控制原理是指标准系统通过反馈控制机制来实现系统的发展与演化，系统的反馈控制能力决定了系统的发展状态。这四个原理并非孤立地存在和发挥作用，而是互相依存、互相联系，构成一个理论整体。我国学者舒辉对国内外标准化原理的代表性研究成果进行回顾后，将标准化原理总结为经过协调使标准化对象达到最佳状态的统一。[④]

3. 标准化的过程

每一项标准化活动，从实践经验的总结到经验的科学化、规范化和普及化（即标准的制定、实施与推广），实质上都是一个"将输入转化为输出"的活动过程。标准化由最重要的三个活动子过程组成：标准产生子过程、标准实施子过程、信息反馈子过程，如图 2-1 所示。

---

① 舒辉. 标准化理论与实务［M］. 北京：经济管理出版社，2000.
② 松浦四郎. 工业标准化原理［M］. 熊国凤，薄国华，译. 北京：技术标准出版社，1981.
③ 李春田. 标准化概论［M］. 4 版. 北京：中国人民大学出版社，2005.
④ 舒辉. 标准化理论与实务［M］. 北京：经济管理出版社，2000.

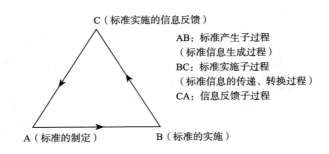

图 2-1　标准化基本过程模式（标准化三角形）

标准产生子过程就是制定标准的过程，其主要任务是对实践经验和科研成果进行提炼、总结及规范化。这个过程需要专业人员对大量的实践数据和研究成果进行深入分析，以发现其中的共性规律和关键要素。在此基础上，将这些规律和要素进行抽象、概括，形成可以指导和规范实践的标准。这个子过程的成果是产生出一系列具有普适性、可操作性和实用性的标准。标准实施子过程的核心是将标准所承载的信息有效地传递到生产、服务和管理等实践活动中，确保实践活动能够按照标准要求正确地进行。这需要通过各种渠道和方式，如培训、宣传、考核等，使相关人员充分理解和掌握标准的内容和要求。此外，还需制定相应的管理制度和措施，确保标准的落地执行。标准实施子过程是确保标准化目标实现的关键。信息反馈子过程的主要任务是收集和分析标准实施过程中的问题，并将有关信息及时反馈给相关组织。这样，相关组织可以根据反馈的信息，对标准进行修订和完善，使其更加科学、合理和实用。信息反馈子过程对于保持标准的时效性和适应性具有重要意义。

4. 标准化理论对现代公共文化服务体系建设的指导意义

标准化理论可以为准确把握公共文化服务标准、标准化及其过程管理提供依据。

（1）公共文化服务标准的特征

依据国内外对标准的定义和公共文化服务的特点，可以归纳出公共文化服务标准的几个重要特征：一是制定标准的出发点是在公共文化服务中获得最佳秩序和效益；二是制定标准的依据是与公共文化服务相关的先进科学技术、研究成果和实践经验；三是标准化的对象应为重复性的产品、过程或服务，根据这些对象才能制定相应的公共文化服务标准重复使用；四是公共文化服务标准需由公认的权威机构批准和发布；五是公共文化服务标准属于规范性文件。

（2）公共文化服务标准化的特点

依据标准化的概念和公共文化服务的特点，可以归纳出公共文化服务标准化的特点。

首先，公共文化服务标准化是一个活动过程，包括标准的制定、实施和修订等多个阶段，而且这些阶段通过不断循环、螺旋上升，进一步提高了标准化的水平。

其次，公共文化服务标准化的意义在于为达到预期目的，改进产品、过程或服务的适用性。

最后，公共文化服务标准化的结果就是在面向公众的服务中建立一种秩序和规范。

（3）公共文化服务标准化的过程管理

公共文化服务标准化是一个复杂的过程，公共文化服务标准体系的制定、实施会受到多个环节、多种因素的影响。对公共文化服务标准体系进行科学管理，以确保其持续发挥系统效应是公共文化服务标准化的关键问题。标准化的基本过程模式为公共文化服务标准体系的科学管理提供了思维框架。针对公共文化服务标准化的三个基本过程，制定相应的管理措施，能及时发现公共文化服务标准体系实施中的不良反应，为标准体系的调整与优化提供依据。桑德斯的"七项原理"、松浦四郎的"十九项原理"、李春田的标准系统管理原理等是标准化学科领域的理论基石，可为公共文化服务标准体系的构建、实施与管理提供理论依据。

（二）新公共服务理论

1. 基本内涵

新公共服务理论主要由美国罗伯特·B. 登哈特（Robert B. Denhardt）夫妇提出。新公共服务理论的基本内涵如下。

服务而非掌舵。政府、私营企业及非营利组织共同致力于探寻公共问题的解决之道，并致力于为公共问题的协商解决提供便利。政府的角色应从控制者向服务者转变。

公共利益是目标而非副产品。政府在制定社会远景目标的过程中，应建立集体的、共享的公共利益观念。通过广泛的公众对话和协商过程，建立具有广泛基础的社会远景目标。

战略地思考，民主地行动。吸引社会各方力量来主动实施计划，而非仅仅依靠政府力量来执行。

23

服务于公民而不是顾客。公共人员回应的是公民需求，而非仅仅是顾客。

政府职责的复合性与多元化。民主公民权和公共利益是政府职责的基础和目的。政府职责是复合性和多元化的，除法律和政治责任外，政府应承担起一系列的专业责任和民主责任，关注社会价值观、职业标准和公民利益。

重视人而不只是生产率。更加关注人的高层次精神、心理需求，如尊重、包容、信任等。^①

重视公民权和公共服务。新公共服务理论认为政府为公民所有，公共资源的真正所有者是全体公民。

当今社会生活的复杂性使得"掌舵者"式的政府官员角色难以为继，而应充分尊重公民的权利并给予公民参与公共政策制定的自由。政府应该鼓励公民积极参与政策的制定和执行的过程。

2. 新公共服务理论对现代公共文化服务体系建设的指导意义

新公共服务理论关注民主公民权、公共服务与公共利益，重视社会价值，并重新定义政府职能，这些观点为公共文化服务标准体系的构建与实施提供了有益的参考和理论支持。公共文化服务标准体系的制定与实施过程中，应注重以下方面：政府应为公共文化服务标准的制定与实施提供良好的政策法规环境；应鼓励社会各界力量参与公共文化服务标准的制定；公共文化服务标准的制定应以人为本，体现公众的文化需求，保障公众的文化权利；公共文化服务标准制定的目标应为实现公共利益，创造社会效益；公共文化服务标准的实施需要政府和社会各界力量共同参与、共同监督。

（三）文化社会学理论

1. 基本内涵

文化社会学作为一种专门的社会学理论，致力于探究文化在社会中发挥作用的规律性，旨在揭示文化生成、发展的特殊规律及其在社会中的影响。该学科不仅关注文化在社会中的地位与作用，还深入研究社会及社会人口群体的文化活动、文化水平及这些人口群体的文化需求，因此在制定公共文化服务标准体系方面具有重要指导价值。

文化社会学是社会学的分支，最早由德国社会学家巴德（Barth）于1897年提出。早期的文化社会学研究者多来自德国、法国、英国等国家。劳伦斯

---

① 吴传龙. 新公共服务理论及其对我国服务型政府建设的启示 [D]. 济南：山东大学，2013.

（Lawrence）认为："文化研究应当深入生活与消费。"齐美尔（Simmel）强调："文化对于社会发展的意义，绝不亚于经济。"斯卡夫（Scaff）对齐美尔的研究成果进行了总结。福恩特（Fuente）指出："日常生活正在审美化，审美活动渗透到大众的日常生活中因而超出了艺术的范围，导致了社会组织结构的变化。"梅吉尔（Megill）也认为："现代社会中的审美活动正在向整个现实世界扩展。"洛文塔尔（Lowenthal）提出："文化社会学具有强烈的批判性，因而推动了研究方法的创新。"[1]

文化社会学在发展过程中形成了对文化的本质及社会作用的不同理论观点，大致有以下几种。

（1）进化论的文化社会学观点

进化论的文化社会学观点有将文化与生物进行类比的倾向，认为文化像生物一样，存在着由简单到复杂、由单质到异质的进化过程。文化史就是人类从低级蒙昧的状态向更高级文明状态发展的历史。地理环境对文化的分布有着类似对动植物分布的影响，工艺和科技的发展是文化进化的基础，其他因素相对次要。

（2）传播论的文化社会学观点

部分学者从社会因素研究文化的传播，形成了传播论的文化社会学观点。他们研究文化传播的过程，把不同地方的相同文化现象解释为传播的结果。他们把文化传播看作个体交互作用的过程，在现代科学的影响下，越来越重视对社会文化结构过程的研究。此派观点对于研究文化的社会功能有着较强的社会学意义。

（3）功能论的文化社会学观点

文化的产生是社会功能的需要，维护社会规范就是文化的核心价值。文化作为社会结构体系的重要组成部分，其功能发挥受到各类社会结构层次的制约。文化体系不仅塑造个体的价值观念，还构建人的行为规范。此派学者强调文化模式、社会体系的作用，但忽视了文化的动态演化机制和影响。

（4）心理论的文化社会学观点

部分学者倾向于运用人类心理发展理论来阐释文化现象的生成及其影响，从而形成了独特的观点。这些学者从个体心理出发，探讨民族文化特性的形成，进而根据个体经验概括总结出民族文化模式。

---

[1]　阿尔弗雷德·韦伯. 文化的世界史：一种文化社会学阐释［M］. 姚燕，译. 上海：上海人民出版社，2022.

2. 文化社会学理论对现代公共文化服务体系建设的指导意义

文化独特的社会作用决定了公共文化服务相对于其他公共服务的特殊性。公共文化服务及其标准化的社会需求、社会效益都可以借鉴文化社会学的理论和观点来进行研究。依据进化论的文化社会学观点，文化也有着从低级到高级不断进化的过程，而工艺和科技的发展是推动文化进化的重要因素。当今世界科技发展日新月异，推动着世界范围内的文化快速发展变迁。文化的进化必然带来公众精神文化需求的变化，进而引起公共文化服务标准的变化。公共文化服务标准体系根据实际需求从较低层级发展到较高层级便是一次迁升。只有及时吸收新兴技术并感知文化发展的变迁，促进文化与科技的融合，才能为公共文化服务标准体系的提升提供持久动力。公共文化服务标准体系的推广就是一个文化传播的过程，依据传播论的文化社会学观点，社会传播是文化发挥影响力的重要方式，传播的结果决定了文化现象的产生。对公共文化服务的需求是公众的主观心理需求，对公共文化服务的满意度也是公众的主观感受。依据心理论的文化社会学观点，可从个体入手来调查、总结公众的公共文化服务需求和满意度，然后指导相应标准的制定。

三、国外公共文化服务与标准化

（一）美国公共文化服务与标准化

1. 标准化管理体制

美国的标准化最初是根据市场经济的需要，以民间组织为主体发展起来的。美国的标准体系主要包括三个部分：民间组织制定的自愿性标准、政府专用标准和国家标准。美国国家标准协会（ANSI）作为全国自愿性标准化体系的协调中心，是一个独立的非营利性组织，协会成员来自企业、贸易协会、专业和技术协会、政府部门、劳动和消费者组织等标准化相关机构。美国国家标准协会本身并不制定标准，而是负责对美国民间标准化机构进行管理和协调。美国国家标准与技术研究院（NIST）代表政府进行标准化管理，是美国政府标准化政策的主要实施者，负责制定政府专用标准，规制民间自愿性标准的发展。美国现有民间标准化组织700多家，其中有267家被美国国家标准协会认可为标准制定组织（SDO），获得美国国家标准协会认可的标准制定组织才有资格制定国家标准。美国的标准化管理机制最突出的特点如下。

（1）市场驱动

美国的标准化工作最初是由市场驱动而非政府推动的。由于市场的发展和人们对产品和服务的要求逐渐提高，美国的企业、贸易协会开始制定一系列的技术标准和管理标准，以提高自身的市场竞争力，追求更大的经济效益。政府不主导自愿性标准的制定和推广过程。

（2）以民间标准化组织为主体

与我国政府主导型的标准化管理体制不同，美国标准的制定与实施是以民间标准化组织为主体的。美国的民间标准化组织包括科学和专业协会、贸易协会、专业学会、测试和认证组织等类型。影响力较大的民间标准化组织有美国试验与材料协会（ASTM）、美国机械工程师协会（ASME）、美国电气电子工程师协会（IEEE）、美国石油协会（API）等。美国国家标准协会通过被其认可的标准制定组织来制定标准。另外，美国法律鼓励政府机构尽量减少制定政府专用标准，尽可能采用私有部门制定的自愿性标准，以节约政府经费，同时提高政府获得民间最新技术的能力。

（3）公开自愿参与

美国的标准由各有关部门和机构自愿编写，自愿采用。自愿性标准被政府部门的法律法规采用后，才会具有强制性，必须严格遵守。

2. 公共文化服务模式

美国政府主要依靠市场机制来提供公共文化服务，通过公共文化服务供给者之间的竞争来提高公共文化服务的效率和公众满意度。美国政府的公共文化服务总体思路是：如果市场能满足社会自发形成需求，政府就不干预；不能自发形成公共文化服务需求、市场无法满足时，则由政府委托专业团队作为中介来进行干预。美国政府没有设立统管全国文化事业的行政部门，而是通过三个文化组织（美国国家人文基金会、美国国家艺术基金会、国家博物馆图书馆学会）来代表政府行使部分职能，对文艺团体、艺术家、人文方面的教育和社会活动、博物馆、图书馆等提供公共文化服务的机构、团体和个人进行资助。这三个文化基金会对公共文化服务机构、团体没有行政管辖权，但在政府决定提供资助的总金额后，可接受政府的委托，通过各行业领域专家的专业评估来进行具体的资助决策。

美国的公共文化服务资助模式有三个特点：一是通过法律法规和政策环境来鼓励社会各界对公共文化服务的投资；二是政府通过国家博物馆图书馆学会等社会中介组织对文化服务进行资助，资助对象为非营利性的民间文化艺术机构或团体；三是政府资助时实行有限拨款，一般对文化服务项目的资助总额不超过所需经费的 50%,以避免文化机构或团体过于依赖政府。

(二)英国公共文化服务与标准化

1. 标准化管理体制

英国的标准化历史悠久,法律法规和政策体系健全,在国际上拥有广泛的影响力和重要地位。经过一个多世纪的发展,英国已形成了成熟的标准化管理体制,其标准化水平在世界上确立了领先地位。英国标准协会(BSI)是世界范围内最有影响力的国家标准化组织之一,参与创立了国际标准化组织、国际电工委员会、欧洲标准化委员会(CEN)等国际标准化组织。

英国标准协会既是独立的民间商业性标准化机构,又是英国政府承认并支持的非营利性国家标准化机构。英国标准协会并不直接制定标准,而是组织各技术委员会制定标准。英国标准协会技术委员会由来自标准用户、制造商、政府机构、消费者组织等相关组织的代表组成,具体承担国家标准的制定和维护任务。英国政府通过向英国标准协会技术咨询及政策委员会派出代表,来与民间组织一起有效地参与和推动标准的制定、实施与推广。英国的标准化管理机制最突出的特色如下。

(1)重视标准化对公共政策的支撑

英国政府认为标准化是对政府政策提供支持的一个关键因素,标准对公共政策的支持是英国标准化工作的总目标,这在英国的相关政策、法律法规文件(如《英国政府 2009 年关于标准化方面的公共政策》)中都有明确的规定和阐述。

(2)重视"非正式标准"的作用

非正式标准是由一定范围内的利益相关方制定的标准,通常属于行业标准。非正式标准的制定过程较为简单,不需要严格履行"正式标准"的制定程序,因此时效性好,能敏锐地反映最新技术发展,更好地满足市场需求。"非正式标准"在发展成熟后可以成为正式标准。

(3)高度国际化

英国标准化管理的重要目标是谋求与欧洲标准、国际标准的协调一致。英国的国家标准由三个部分组成:一是英国标准协会直接制定的标准和将其他标准调整采纳后的标准;二是由欧洲标准转化而来的标准,如由欧洲标准化委员会等欧洲标准化组织制定的标准;三是由国际标准化组织标准、国际电工委员会标准等国际标准转化而来的标准。英国近 90% 的国家标准来源于对国际标准和欧洲标准的转化,近 10% 的直接制定的国家标准中,又有一部分是从英国有关协会团体标准上升为国家标准的。英国标准协会在制定国家标准前，先要查找相关欧洲标准和国际标准，尽可能采用国际标准、欧洲标准作为国家标准。

2. 公共文化服务模式

英国形成了比较完整的由中央、文化艺术委员会和地方构成的三级文化管理体制，这三级管理机构并无垂直行政领导关系，而是各自相对独立。英国政府在公共管理改革的过程中，逐渐认识到私有企业的管理模式比政府公共部门的管理模式更有效率，让私有企业来承担公共服务会比公共部门做得更好。因此，英国政府不对本国的文化事业机构和文化艺术团体直接进行行政干预，而是采用"一臂之距"的原则来对公共文化服务进行间接管理，即中央政府通过各类文化艺术委员会将文化经费分配给文化机构或艺术家。英国公共文化服务管理模式的特点主要体现在三个方面。

（1）非政府公共文化服务机构在公共文化服务中起到了至关重要的作用

英国的各类文化艺术委员会与全国各个公共文化服务的组织、机构和团体建立联系，形成全国性的公共文化服务管理网络体系。文化艺术委员会的成员都是专业素质极高的专家，可以客观、公正地对文化经费进行分配和效果评估，并且通过各种方式对获得文化经费的艺术团体进行监督。非政府机构的参与极大地减轻了政府的工作负担。

（2）建立文化托管制度

文化托管是指委托人将其文化艺术资产委托给某一公共文化托管董事会进行保管、经营，公共文化托管董事会必须由各行业具备所需资质的专家组成。文化托管制度可以使非公有的文化艺术资源转化为公共文化服务资源，极大地拓展公共文化服务的供给，而政府也可将国有文化艺术资源委托给民间公共文化托管董事会进行管理，既能减轻政府公共文化部门的工作负担，又能实现公共文化服务管理的专业化。

（3）吸纳社会力量促进公共文化服务的发展

英国政府鼓励社会各界的机构和个人赞助文化活动，一方面成立企业赞助艺术联合会，鼓励企业对文化事业的捐赠；另一方面发行国家彩票，彩票收入由文化、新闻和体育部门拨给各地区、行业的文化艺术委员会。

总的来说，英国的公共文化服务管理体制有三个方面的优点：一是非政府机构的积极参与减轻了政府的工作负担，提高了公共文化服务发展的效率；二是提供了全社会参与公共文化事业的机制和途径，能广泛吸收社会各界力量推动公共文化服务的发展；三是政府的"一臂之距"保证了文化艺术政策的连续性，保证了文化艺术团体的独立性，不受党派政治变化的影响。

（三）法国公共文化服务与标准化

1. 标准化管理体制

18 世纪中叶，法国就开始了标准化工作，在火炮制造过程中实现了部件的标准化。经过长时间的发展，法国已经形成了完备的标准化管理体系。法国政府在标准化法中明确规定法国标准化协会（AFNOR）为全国标准化主管机构，并由法国工业部总归口。法国标准化协会在欧洲和国际标准化组织中都发挥着重要的作用。法国标准化协会下设各专业、行业的标准化局，标准化局的成立需要政府有关部门的批准。标准化局再根据需要设立技术委员会，标准化局或技术委员会负责制定具体的法国标准（NF）草案，然后提交给法国标准化协会审核和批准后，即可作为法国的国家标准发布实施。任何团体和个人都可申请编制标准，法国标准的制定也是以市场需求为主导，以企业为主体。法国鼓励积极采用国际标准和欧洲标准作为国家标准，目前法国的现行标准中有超过一半都采用了国际标准。法国标准的制定基于企业的共同利益，因此企业都自愿执行。

2. 公共文化服务模式

法国设立了三个层次的管理体系来管理公共文化服务。一是中央一级的管理机构是文化和通讯部，其职责主要是制定文化政策、编制文化经费预算、促进艺术创作和文化普及等，对全国文化事业直接进行管理。二是中间一级为文化和通讯部直属文化单位，涵盖法国重点文化设施、文艺团体、艺术院校等在国内外具有显著影响的文化机构。这些单位接受文化和通讯部的领导、任命及经费分配。三是地方一级是地方文化机构，其职责主要是执行国家的文化政策、制定地方文化发展规划、组织文化活动等。

法国公共文化服务管理模式的特点主要体现在三个方面。

（1）政府中央集权管理

法国政府不通过中介社会组织来管理公共文化服务，而是由文化和通讯部对全国公共文化服务统一进行协调管理，各文化局局长都属于文化和通讯部的官员。另外，文化和通讯部还向各地的博物馆、图书馆、电影资料馆等文化事业单位派遣专业技术人员，完全没有依靠民间文化艺术委员会来进行管理。

（2）政府直接财政拨款

法国政府对文化事业的投入不像英国和美国那样通过非政府公共文化服务机

构来代理，而是由文化和通讯部对政府直属的公共文化服务机构、团体直接拨款。

（3）通过签订文化协定进行管理

政府在提供经费的同时，与相关部门和文化单位签订相应的文化协定，以契约的形式对得到资助的单位和团体进行管理和监督，以确保经费的使用效果，从而使所有公民都有平等享受公共文化服务的权利。

（四）比较分析

公共文化服务模式决定了公共文化服务的生产者、提供者和消费者之间的关系，决定了标准化的利益相关主体；标准化管理体制则决定了标准制定与实施的主体。通过对美国、英国、法国的公共文化服务模式和标准化管理体制进行综合分析，笔者总结出各国的公共文化服务标准化模式。

1. 美国的"民间自愿"模式

美国政府没有设立专门的文化行政主管部门，主要通过制定政策法规、规范市场秩序来发挥作用。政府财政对文化的投入与拨款主要通过各类行业协会、专业团队等非政府组织（如美国国家艺术基金会等）进行分配。非政府组织和第三方机构是开展公共文化服务的中坚力量，政府对公共文化服务的行政干预被降到了最低。美国的标准化管理体制也是以民间组织为主体发展起来的，有着市场驱动和自愿参与的特点。因此，美国政府在公共文化服务标准方面缺乏实际需求，公共文化服务标准主要由市场需求驱动，由非政府组织、第三方机构制定和推广。因此，美国的公共文化服务模式可归纳为"民间自愿"模式。

2. 英国的"共同管理"模式

英国的标准化体制和美国一样也是以民间组织为主导，但公共文化服务模式有所不同。英国形成了比较完整的中央和地方三级文化管理体制，政府在公共文化服务中承担了更多的责任和义务，政府和民间文化组织都有对标准化的需求。因此，英国的公共文化服务标准化是政府与民间机构"共同管理"的模式。

3. 法国的"政府主导"模式

法国形成了由法国标准化协会、行业标准化局和标准化技术委员会组成的标准化管理体制，政府在其中发挥着主导作用。法国的公共文化服务也是政府中央集权管理，不通过中介社会组织来管理公共文化服务。由此可见，法国的公共文化服务和标准化都是由政府主导的，市场和民间组织缺乏对标准化的需求和动力。因此，法国的公共文化服务标准化属于"政府主导"模式。

上述三种公共文化服务标准化模式都有各自的优势与劣势。美国的"民间自愿"模式可以最大限度地调动社会资源，以提供公共文化服务，能通过市场及时、灵活地感知并满足公众的公共文化需求，避免了政府的行政干预失误造成的负面影响，实现公共文化服务效率的最大化，但也存在政府对公共文化服务标准化进程中的具体问题和偏差缺乏掌控能力等问题。英国的"共同管理"模式介于美国和法国之间，政府和民间组织在公共文化服务标准化过程中各司其职，从不同的角度发挥作用。法国的"政府主导"模式充分发挥政府的宏观调控与监管作用，能有效地掌控公共文化服务标准化的发展与完善，但同时也会造成社会力量参与的积极性不高、难以灵敏地感知并满足公众文化需求的问题，一旦政府决策失误就会造成重大损失。

对美国、英国、法国三个国家的公共文化服务标准化模式进行比较分析，为我国的公共文化服务标准化模式的建立和完善提供了借鉴。

首先，公共文化服务标准化需要良好的法律和政策环境。政府可以在公共文化服务标准化过程中起主导作用，全程主导标准的制定、实施与修订，也可以将标准的制定和实施委托给民间组织，发挥社会力量和市场机制来实现公共文化服务的标准化。但这两种模式都有一个共同的前提，那就是制定相应的法律法规和政策，为公共文化服务标准化提供一个公正、公开、公平、稳定的政治环境。

其次，重视公共文化服务标准与法律法规的结合。标准的制定只是公共文化服务标准化的开始，关键还在于标准的贯彻、落实与实施。标准最有力的实施途径莫过于被相关法律法规引用，通过法律的力量来监督、保障标准的实施。

最后，民间组织、第三方机构在公共文化服务标准的制定、实施、推广中可以发挥重要作用。国外的标准化技术委员会成员来源广泛，包括消费者、政府官员、学者等代表性人群。因此，在制定公共文化服务标准的过程中，我国公共文化服务标准化应鼓励社会力量的参与，充分调动民间力量的积极性，使标准更加体现更广泛人群的需求，进而及时、灵敏地适应公众需求。

第二节　现代公共文化服务标准体系的设计

一、现代公共文化服务标准体系的内涵

（一）现代公共文化服务基础标准

现代公共文化服务基础标准是在一定范围内作为其他公共文化服务标准的基础并普遍适用的标准，具有广泛的指导意义。这些基础标准在体系内起到了重要的作用，为其他各类公共文化服务标准提供了坚实的基础。现代公共文化服务基础标准主要包括：现代公共文化服务术语标准、现代公共文化服务分类标准、现代公共文化服务标识与符号标准、现代公共文化服务信息数据代码标准。

现代公共文化服务术语标准主要对公共文化服务中涉及的术语和概念进行明确规定，为体系内其他标准建立统一、完整、规范的术语体系。

现代公共文化服务分类标准主要内容是根据公共文化服务的不同行业、不同内容、不同方式等分类原则，将公共文化服务分成不同类别，以便于公共文化服务资源的统计和政府公共资源的配置。

现代公共文化服务标识与符号标准，即对公共文化服务中涉及的关键标识与符号进行明确的规定。作为信息载体，标识与符号在公共文化服务领域具有重要作用。将公共文化服务中的复杂信息浓缩在标识与符号中，可帮助社会公众迅速准确地理解服务的内容、性质等信息。因此，建立科学规范的标识与符号体系是必要的。标识与符号标准可以确保符号语言的一致，使服务的提供者、管理者和接受者都能准确理解标识和符号的信息。

现代公共文化服务信息数据代码标准是为了适应我国公共文化服务数字化、网络化的发展趋势而制定的。这一标准的主要目标是统一和规范公共文化服务的基础元数据，以便于更好地管理和优化公共文化服务体系，便于数据的存储、传输、分析与利用。

（二）现代公共文化服务技术支撑标准

现代公共文化服务的发展离不开科学技术的支撑，公共文化服务技术支撑标准主要解决服务中的相关技术问题。这一类标准主要包括公共文化服务设备和用品的生产技术标准，以及公共文化服务关键技术应用规范标准。公共文化服务设

备和用品的生产技术标准包括设计标准、质量标准、工艺标准、检验和试验标准、医药卫生和职业健康标准、安全标准等方面。随着文化与科技融合的趋势日益明显，公共文化服务中也会应用越来越多的新兴技术。这些新兴技术在公共文化服务中的应用需要有相应的标准进行规范。公共文化服务关键技术应用规范标准的制定将会促进文化与科技的融合，以及新技术的推广应用。

（三）现代公共文化服务通用标准

现代公共文化服务通用标准涵盖了以下六个方面。

1. 现代公共文化服务规范系列标准

现代公共文化服务规范系列标准主要包括公共文化服务的内容标准（内容审核、内容版权等）、质量标准（思想倾向、文化含量、审美层次、艺术水平等）、提供方式标准（服务方式、服务渠道等）。

2. 现代公共文化服务人员系列标准

现代公共文化服务人员系列标准主要包括公共文化服务人员执业资质标准、绩效考核标准和编制标准，分别对公共文化服务人员的专业资质、服务技能、服务效果和人数配置作出明确规定。

3. 现代公共文化服务环境卫生系列标准

现代公共文化服务环境卫生系列标准主要包括公共文化服务的室内和室外的环境卫生标准，分别对室内和室外的环境条件（温度、湿度、光线、空气质量、清洁卫生、噪声限值、场地面积）、环境因素的识别和评价要求（向大气、水体、土地排放）、环境运行控制（废物处理、能源消耗、噪声控制、废气排放、视觉污染，提高环境绩效）、环境意识等进行规定。

4. 现代公共文化服务安全要求系列标准

现代公共文化服务安全要求系列标准主要包括公共文化服务设施安全标准、公共文化服务设备及用品安全标准、公共文化服务活动安全标准。这类标准规定与公共文化服务提供过程与服务结果有关的安全要求，包括安全保障措施、服务场所的安全保障要求、服务用品使用的安全要求、服务设施的安全要求、服务从业人员、服务对象的安全要求等。

5. 现代公共文化服务运行管理系列标准

现代公共文化服务运行管理系列标准主要包括公共文化服务的分等分级标

准、经费保障标准、信息管理标准、服务评价标准。公共文化服务分等分级标准是对服务及其设施质量进行分类的依据，旨在为公共文化服务的精细化管理提供坚实基础；公共文化服务的经费保障标准明确各级政府对公共文化服务的财政投入标准，为公共文化服务的发展奠定经济基础；公共文化服务的信息管理标准对服务过程中信息的存储、传输、开发、利用、分析进行规范，顺应公共文化服务信息化、数字化、智能化的发展趋势；公共文化服务的服务评价标准规定服务的评价指标、评价方法，为科学评价的实施提供准绳。

6. 现代公共文化服务设施设备及用品系列标准

现代公共文化服务设施设备及用品系列标准主要包括公共文化服务设施开放服务标准、公共文化服务设施建设标准、公共文化服务设备及用品配置标准。这类标准对公共图书馆、博物馆、文化馆、艺术馆等公共文化服务设施的开放作出明确规定，并为相应设施建设项目的立项、审查及工程实施提供依据。公共文化服务设备及用品配置标准则对公共文化服务过程中设备及用品的数量、种类、使用作出规定。

（四）现代公共文化服务的行业领域标准

各行业都需要制定在公共文化服务过程中的服务规范、人员资质、运行管理、环境卫生、安全要求、设施设备及用品等方面的标准。各行业公共文化服务中具有的共性行业标准，可以融合上升为公共文化服务的通用标准。通用标准中已经有相关规定的，各行业领域应积极执行；带有本行业领域特色、通用标准中未做规定的，各行业领域需要建立相应的行业标准。我国先进标准应争取上升为国家标准，积极向国外推广，提高我国的文化软实力和国际影响力。

二、现代公共文化服务标准体系设计的基本原则与主要方法

（一）基本原则

1. 目标明确

按照系统论的观点，公共文化服务标准体系首先是一个系统。要构建好这个系统，就一定要确立一个总体目标，然后依据总体目标，将其分解为各个子系统或系统组成要素，进而明确各个子系统或系统组成要素的功能。现代公共文化服务标准体系要以适应公共文化服务体系建设和新时期文化产业发展需要为前提，以促进公共文化服务的享受机会、过程和结果均等化为核心，以提高公共文化服

务的产品和质量为目标，借鉴国外成功经验，建立健全适合我国经济社会发展现状的公共文化服务标准体系。现代公共文化服务标准应依据公众需求编写，保护公众文化权益，尤其是考虑老年人、儿童、不同文化背景及不同行为能力等特殊人群的期望和权益。公共文化服务标准只有融入公共文化服务体系建设和文化产业的发展之中，才能发挥其应有的作用和效益。公共文化服务标准体系的构建，必须贴近公共文化服务体系建设和文化产业发展的实际情况，多角度、全方位地建立一个标准框架体系。

2. 系统完善

现代公共文化服务标准体系作为一个有机整体，并非任意数量的标准简单相加，或者随意无序地堆砌而成。相反，它是由一系列相互依赖、相互协调及相互补充的公共文化服务标准，遵循特定规则有序结合而构成的。

3. 结构合理

任何系统要发挥其系统功能都需要有稳定合理的结构作支撑。公共文化服务标准之间的内在关联是形成公共文化服务标准体系结构的依据，各标准的功能通过标准相互间的内在联系融合为标准体系的整体功能，并使整体功能超过各标准功能的叠加。标准之间有并列与协调、制约与从属等关系，决定了标准体系内常见的层次结构和序列结构等形式。公共文化服务标准体系的结构要清晰，恰当地在不同层次上安排标准，实现标准体系的简化和高效。确立公共文化服务标准体系的结构形式后，要在一定时间范围内保持结构稳定，以确保标准体系整体功能的持续发挥。

4. 动态开放

结构相对稳定并不意味着现代公共文化服务标准体系固化不变。任何标准都有其生命周期，现代公共文化服务标准体系应根据标准的生命周期及时修订。当公共文化服务体系建设、文化产业的发展及我国经济社会环境发生变化时，内容不合时宜或相对落后的标准应当被更为先进且科学的准则所替代。当今世界科技迅猛发展，必然带来公共文化服务的范围、方式和需求不断革新，推动旧标准不断废止和新标准不断产生。因此，公共文化服务标准体系必须在维持基本稳定的同时又有一定的开放性。系统的开放性需要保持与外部环境的物质、能量和信息的交换，从外部持续引入负熵，对现有标准及结构进行调整，才能保证公共文化服务标准体系在持续发展变化中维持结构和功能的动态平衡。

5. 全面与前瞻

应对现代公共文化服务体系建设和文化产业发展中需要协调统一的各种重复性事物和概念有深入理解，全面研究需要制定的公共文化服务标准，尽可能使现代公共文化服务标准全面成套，标准内容齐全完备。此外，还应有超前意识，准确把握现代公共文化服务的发展趋势，使公共文化服务标准的制定立足当前、关注长远、扎根国内、面向国际，使标准体系具有一定的前瞻性。公共文化服务标准应依据各相关行业的发展现状和趋势，以及服务技术条件编写，尽可能地设定一些可量化的指标，并确保指标的适用性和先进性。

（二）主要方法

根据国家标准《服务业标准体系编写指南》（GB/T 30226—2013）的规定，服务业标准体系的构建方法主要有服务流程法、服务要素法、服务对象法、服务项目法等。

1. 服务流程法

服务流程法适用于服务流程相对固定、单一、不因服务对象或服务项目的不同而发生变化的服务活动。

2. 服务要素法

服务要素法适用于主要依托各类要素集成而提供服务的活动，这些服务活动涉及人们生活的方方面面，为了让消费者在享受服务的过程中感受到便利和舒适，服务提供方需要对各个要素进行精心规划和整合。旅游服务标准体系结构图通常按照"吃、住、行、游、购、娱"六大要素来构建。首先对标准化对象进行系统分析，然后从中提取各类要素。

3. 服务对象法

服务对象法适用于因服务对象的不同而需提供不同项目的服务活动，如养老服务标准体系结构图可按照自理老年人（心理咨询、紧急救援服务）、半自理老年人、失能老年人（健康监护、日间照料）的不同类型来构建。

4. 服务项目法

服务项目法适用于通常提供不同组合、不同种类服务项目的服务活动。例如，汽车售后服务标准体系可以按照汽车维修、汽车租赁、汽车美容、汽车检测、二手车经营等来构建。

公共文化服务涉及的服务行业较多、服务项目难以组合、服务流程差异较大、服务对象广泛，因此服务流程法、服务对象法和服务项目法都不太适合。服务要素法更适于分析较为复杂的标准体系结构，因此本书主要采用服务要素法来构建公共文化服务标准体系。

要构建公共文化服务的标准体系，首先要对公共文化服务的要素进行系统分析，掌握公共文化服务的基本要素及其逻辑关系；其次从中提取标准化对象及标准化对象之间的关联；最后从不同的维度分层展开各要素的标准结构，进而针对标准化对象及其相互关联设计相互联系、相互依赖的标准，以构成科学、完整、能发挥系统效应的公共文化服务标准体系。

三、现代公共文化服务标准体系的结构

依据特定公共文化服务标准在标准体系中的实际功能与层次特点，我们可以构建一个以功能为基础、层次为架构的公共文化服务标准体系框架。公共文化服务标准体系框架包括四个层次：基础标准、技术支撑标准、通用标准和行业领域标准，如图 2-2 所示。

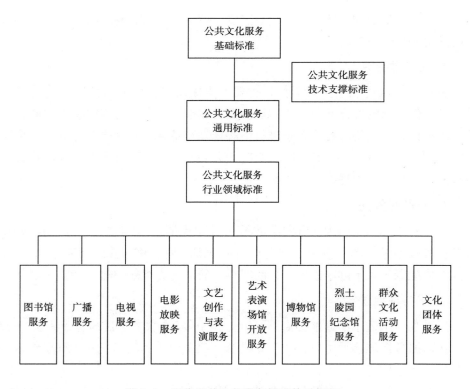

图 2-2 现代公共文化服务标准体系框架

现代公共文化服务基础标准子体系、技术支撑标准子体系、通用标准子体系，如图2-3～图2-5所示。

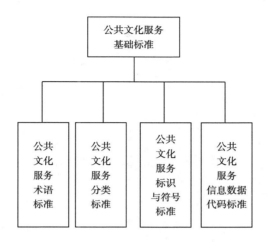

图2-3　现代公共文化服务基础标准子体系

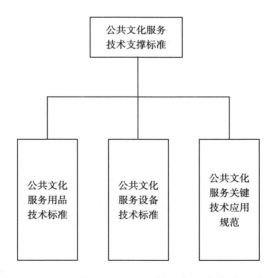

图2-4　现代公共文化服务技术支撑标准子体系

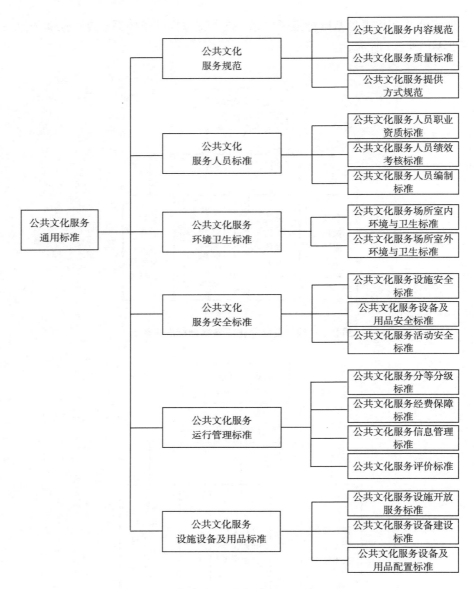

图 2-5　现代公共文化服务通用标准子体系

　　基本公共文化服务涉及多个具体行业，各行业都需要结合公共文化服务通用标准和本行业领域特色制定相应的具体标准。

　　标准体系结构图与标准体系表共同构成标准体系的核心要素。标准体系表在制订标准化工作计划、编制标准及规划修订过程中发挥着重要作用，为在特定标准化领域内实现标准化工作的科学合理化奠定基础。公共文化服务标准体系表主要给出该标准体系中所有标准的相关信息，并按照标准体系结构图中的构图方式一一对应、依次罗列。

第三节　现代公共文化服务标准体系的实施与运行过程

一、现代公共文化服务标准体系的实施

标准化工作起源于欧美发达国家，他们建立了较为成熟的标准化管理体制，在国际标准的制定与实施中发挥着重要的主导作用。同时，欧美各国重视对公民文化权利的保障，较早地形成了各具特点的公共文化服务模式。公共文化服务模式和标准化管理体制共同决定了各国的公共文化服务标准化的特点。美国、英国和法国是欧美发达国家的代表，其公共文化服务和标准化管理体制各不相同。对上述各国的公共文化服务模式和标准化管理体制进行分析，比较各自的优势与特色，可以为探索我国公共文化服务标准化的模式与路径提供参考借鉴。

（一）我国公共文化服务标准体系的实施模式

1. 我国的标准化管理体制

我国的标准化工作实行的是集中统一管理体制，这一体制主要由以下三个部分构成：标准化行政管理体系、标准化技术工作体系及标准化中介服务体系。集中统一管理体制具有明确的层级结构和高效的运行机制，确保了我国标准化工作的有序推进。国务院授权的国家标准化管理委员会负责履行行政管理职能，成为全国标准化工作的主管机构。该机构负责制定和实施全国范围内的标准化政策、法规及规划，确保国家标准化工作的顺利进行。各省、自治区、直辖市也都设置了标准化行政管理部门（一般为各地的市场监督管理局）负责地方标准化工作，并实行垂直领导体制，形成了我国标准化的国家、行业、地方三级行政管理体系。

我国的标准化技术工作体系主要涵盖两大核心系统，即标准化技术委员会系统和标准实施监督检验系统。其中，标准化技术委员会系统肩负制定与修订国家标准的重要任务。该体系由三级机构构成，包括标准化技术委员会（TC）、标准化分技术委员会（SC）及工作组（WG）。标准化技术委员会作为在全国范围内特定专业领域的技术组织，根据实际需求可以设立多个分技术委员会和工作组。

标准化中介服务体系的核心构成包括标准化协会、标准化科学研究机构，以

及标准及标准化编辑出版机构。我国的中国标准化协会及各级地方标准化协会，是由从事标准化工作相关的单位和个人组成的学术性、非营利性法人社会团体。这些协会的主要职责是组织并推动标准化学术交流活动、普及标准化科学技术知识，以及促进标准化技术在国内外的交流与合作。我国专门的标准化科学研究机构主要有中国标准化研究院，以及各地区、各部门的标准化研究院所，这些机构主要对标准化的原理、特点、历史、方法、规律、政策进行研究。中国标准出版社专门出版、发行国家标准和标准化领域的著作、工具书，以及国外标准的相关资料。另外，中国标准化研究院和中国标准化协会还主办了《中国标准化》《标准科学》等标准化领域的学术期刊，为我国标准化研究提供了专门的学术交流平台，促进了标准化工作的方针、政策、先进经验、最新研究成果的传播。

《文化和旅游标准化工作管理办法》明确规定，我国文化和旅游标准化工作应当遵循下列原则：①符合法律法规和国家有关规定；②践行社会主义核心价值观，坚持正确导向；③适应文化和旅游发展规律和行业需求，坚持社会效益、经济效益和生态效益相统一，坚守行业安全生产底线；④标准制定过程公开、透明，充分体现利益相关方诉求；⑤充分体现科学性、规范性、协调性和时效性。在这些原则的指导下，文化和旅游部科技教育司负责统一领导和管理文化和旅游的标准化工作。公共文化服务是文化行业的重要组成部分，其发展不仅涉及文化行业，还涉及多个相关部门和机构的参与和协作。

2. 我国的公共文化服务模式

我国公共文化服务坚持正确导向、政府主导、社会参与、共建共享、改革创新原则。坚持正确导向是以社会主义核心价值观为引领，发展先进文化，抵制落后文化和有害文化；政府主导是由政府从基本国情出发来规划、推动和实现公共文化服务的均等化；社会参与是引入市场机制，激发民间组织、机构、个人参加公共文化服务的积极性，促进公共文化服务的多元化；共建共享是多部门协同发展，优化资源配置，发挥整体优势，提升综合效益；改革创新是转变政府职能，创新公共文化服务的内容和形式。由于公共文化产品与服务属于公共物品或准公共物品，因此市场不会自发、主动地来生产或提供公共文化服务，更没有动力来自发制定公共文化服务标准。文化事业单位或其他文化服务机构、团体对公共文化服务标准的制定基本没有需求，也没有短期的或潜在的利益驱动，因此公共文化服务标准的制定需要采取政府主导、社会参与的模式。

我国标准化管理体制和公共文化服务模式与法国具有一定程度的相似性，都是依靠政府在其中发挥主导作用，这决定了我国当前的公共文化服务标准化模式应为政府主导模式，即公共文化服务标准由政府来主导、组织各方力量来制定和实施。

（二）我国公共文化服务标准体系的实施路径

1. 实施主体

我国政府主导、社会参与的公共文化服务标准化模式决定了标准化的实施主体与实施路径。我国公共文化服务标准化涉及的主体包括以下几个方面。

（1）标准化行政主管部门

在我国，政府主导模式下的公共文化服务标准体系中，政府标准化行政主管部门起着至关重要的作用。以国家标准化管理委员会和各级市场监督管理局为例，它们不仅是公共文化服务标准的组织者，还是管理者。这意味着，他们需要负责制定、实施和监督公共文化服务标准的执行。此外，国务院有关行政主管部门和行业协会也设有专门的标准化管理机构，它们负责分工管理本部门、本行业的标准化工作，确保各个行业在标准化方面的需求得到满足。例如，文化和旅游部科技教育司就负责统一管理文化和旅游的标准化工作。在地方层面，各地的标准化工作则由各地市场监督管理局负责统一管理，同时也要与国家标准化管理委员会保持密切联系，接受其业务领导。这种层级分明、协同合作的管理模式，有助于确保我国公共文化服务标准体系的完善和有效运行。

（2）全国专业标准化技术委员会

全国专业标准化技术委员会是由我国国家标准化管理委员会批准设立的专业技术组织，其在特定领域内负责全国性的标准化工作，担任本专业技术领域标准化技术归口工作的主导角色。在政府主导模式下，全国专业标准化技术委员会承担政府公共文化服务标准制定的任务，担任组织和协调相关标准研制的主要职责。在标准制定的过程中，全国专业标准化技术委员会选拔标准起草单位或筹备组建标准工作起草组，对递交的标准进行评估和复审，并最终将标准提交至各级标准化行政主管部门。

当前，我国尚未设立专门的"公共文化服务标准化技术委员会"，相关标准分散由各行业标准化技术委员会负责。2008年，国家标准化管理委员会批准成立了全国剧场标准化技术委员会等八个文化领域的全国标准化技术委员会和分技术委员会，为推进文化领域标准化及公共文化服务体系标准化建设奠定了基础。此外，服务业也设有若干标准化技术委员会，其工作领域与公共文化服务标准化存在较多交叉。我国现有的与公共文化服务标准化密切相关的标准化技术委员会如下。

①全国剧场标准化技术委员会（TC388）。其秘书处设在中国艺术科技研究所，负责舞台音响、灯光及专业技术设备的应用，以及剧场服务等方面标准的制定、修订和推广实施。

②全国剧场标准化技术委员会舞台机械分技术委员会。

③全国图书馆标准化技术委员会（TC389）。其秘书处设在国家图书馆，委员来自公共图书馆、高校图书馆、科研图书馆、党校图书馆、军校图书馆、少儿图书馆、图书馆业务相关企业等图书馆系统的各类机构。TC389负责图书馆管理、服务、建设、保护、环境等方面的标准化工作，TC389已制定国家标准《公共图书馆服务规范》（GB/T 28220—2023）、《图书馆古籍书库基本要求》（GB/T 30227—2013）等。

④全国文化馆标准化技术委员会（TC390）。文化馆以往被视为群众文化的活动中心、群众文化的辅导培训中心和理论研究中心，是公共文化服务体系的重要组成部分。在新形势下，文化馆职能的独特性和重要性有所下降，迫切需要通过标准化工作来促进未来的建设与发展。在此背景下，全国文化馆标准化技术委员会于2008年成立，负责文化馆建设、管理、服务等相关标准的制定与修订。

⑤全国网络文化标准化技术委员会（TC391）。其秘书处设在中国互联网上网服务行业协会。TC391负责我国网络文化的产品、技术、服务和管理等领域的标准化工作，促进标准的制定、修订、宣传、贯彻与实施。

⑥全国文化娱乐场所标准化技术委员会（TC392）。其秘书处设在中国文化娱乐行业协会，负责全国文化娱乐场所标准化的技术归口工作，促进我国文化娱乐市场的技术进步和规范服务。

⑦全国社会艺术水平考级服务标准化技术委员会（TC393）。艺术考级是指对非艺术专业的人员按一定的要求进行测试以确定其艺术水平和相应等级的做法。TC393的秘书处设在中央音乐学院，负责制定艺术考级专业标准化工作的方针、政策，组织艺术考级专业国家标准的制定、修订和实施、推广工作。

⑧全国文化艺术资源标准化技术委员会（TC394）。其秘书处设在文化和旅游部民族民间文艺发展中心，负责文化艺术资源收集、整理、保护、开发、数字化等工作。

还有些标准化技术委员会的工作范围也涉及公共文化服务的某些方面，但与公共文化服务并不直接相关，如出版物发行标准化技术委员会（TC505）、文具标准化技术委员会（TC514）、新闻出版标准化技术委员会（TC527）、动漫游戏产业标准化技术委员会（TC536）等。

（4）标准起草单位

标准起草单位是受全国专业标准化技术委员会委托承担具体标准起草工作的单位或组织。起草单位可以是企业、科研机构、公共文化服务机构、认证认可机构、政府行政主管部门、相关行业基金会、卫生部门、标准化监督管理部门、高等院校、专家工作组等各种社会机构。标准起草单位可召集有关领域的专家或社会相关人士组成的标准起草工作组，集中各方面专家的智慧和经验负责相关标准的制定。标准起草单位起草的标准将提交给技术委员会或技术归口单位进行评估和复审。

（5）公共文化服务机构

我国公共文化服务机构的主体是文化事业单位。文化事业单位由政府主管部门审定资格，单位分布广，涵盖门类多，是我国公共文化服务的提供者，也是公共文化服务标准的具体执行者。

2. 具体路径

公共文化服务标准化的实施路径包括标准的立项、制定、审查与发布、实施、监督与检查，如图 2-6 所示。

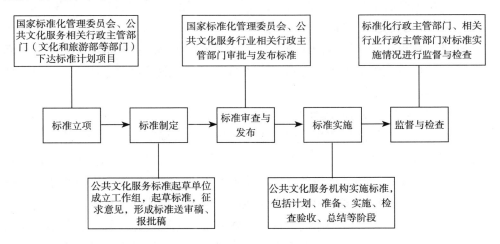

图 2-6 公共文化服务标准化的实施路径

（1）公共文化服务标准立项

根据我国《国家标准管理办法》的明确规定，国家标准化管理委员会每年的

6月份都会提出下年度国家标准计划项目的原则要求。这些要求会下达给国务院的相关主管部门，以及它们领导下全国范围内的专业标准化技术委员会或专业标准化技术归口单位。在这个过程中，各技术委员会或技术归口单位会根据实际需要，提出国家标准计划项目的建议。在经过各自行政主管部门的审查并通过后，这些单位需在每年的9月底前，提出国家标准计划项目的草案及项目任务书，并上报给国家标准化管理委员会。接下来，国家标准化管理委员会会对上报的国家标准计划项目草案进行审批。一旦审批通过，就可以下达国家标准计划项目，从而确保我国标准化工作的顺利进行。

文化和旅游部及其领导的多个全国专业标准化技术委员会，以及其他行业相关技术委员会根据公共文化服务体系建设的需求，提出公共文化服务的标准计划项目，由国家标准化技术委员会审批后，公共文化服务标准项目即可正式立项。可以预见的是，未来一段时间将会有越来越多的公共文化服务标准立项。

（2）公共文化服务标准制定

国家标准化管理委员会下达标准制订计划后，由全国专业标准化技术委员会或专业标准化技术归口单位协助组织计划的实施。企业、科研机构、公共文化服务机构等社会各界力量都可以参与公共文化服务标准的起草。不同类型的单位各具特色和优势，在联合起草标准的过程中可建立灵活多样的合作模式。多个不同类型的单位联合起草标准，资源共享，优势互补，提高了标准的科学性和权威性。

（3）公共文化服务标准审查与发布

标准起草单位提交标准的送审稿后，由全国专业标准化技术委员会或专业标准化技术归口单位组织审查，并提出审查结论意见，然后报送下达标准项目计划的主管部门审核，继而发布。

（4）公共文化服务标准实施

公共文化服务标准的实施，就是把标准规定的各项要求在生产、技术、管理和服务的实践环节中贯彻下去。公共文化服务标准只有付诸实践，才能发挥出它们的作用和效益；公共文化服务标准的质量和水平，也只有在实施过程中才能得以体现。同时，在标准实施的过程中，也可以及时发现公共文化服务标准中存在的问题，为标准的修订或废止提供依据。在持续的标准实施、修订过程中，才能不断地适应环境的变化，不断地将新的技术和理念纳入标准中，补充标准中的不足之处，有效地指导公共文化服务的开展。

标准的实施大致包括计划、准备、实施、检查验收和总结等步骤。

①计划。在标准实施前，公共文化服务机构首先要结合本单位的实际情况，

制订实施标准的计划。

②准备。明确标准实施的责任机制，对新标准进行宣传和普及，为标准的实施做好准备工作。

③实施。正式实施公共文化服务标准时，可以采取直接采用、补充实施、提高实施等方式。直接采用就是按照公共文化服务标准毫无改动地实施，如公共文化服务的基础标准各公共文化服务机构均应直接采用；补充实施就是在不违背公共文化服务标准的基本原则下，对标准未规定的具体内容在实施中做一些补充；提高实施就是为了提高服务质量和公众满意度，以国内外先进水平为目标，在公共文化服务标准的基础上提出更高的标准，实施于生产与服务过程中。

④检查验收。公共文化服务机构对生产与服务的各个环节进行检查，对标准的实施效果进行评估。

⑤总结。对标准实施过程中所暴露的各项问题进行梳理、剖析与归纳，进而针对性地提出建设性意见和建议，以回馈给相关部门。

（5）公共文化服务标准实施的监督与检查

依据标准化相关法律法规及部门规章，对相关部门、机构执行标准情况进行监督与评估，以确保标准得以正确贯彻实施，是至关重要的工作环节。

在我国，对公共文化服务标准化活动的监管主要涉及两类政府部门，一是县级以上标准化行政主管部门，二是各行业主管部门。其中，县级以上政府标准化行政主管部门一般为各省、自治区、直辖市的市场监督管理局，具有对公共文化服务强制标准（如安全标准、环境与卫生标准等）的执行情况的监督权。这些部门进行的监督检查结果具有法律效力。各行业的主管部门，如文化行业的主管部门文化和旅游部，广播电影电视行业的主管部门国家广播电视总局等，主要对本行业所属企事业单位标准的实施进行监督和检查。

第三方机构、公共文化服务机构、社会公众也可以积极参与公共文化服务标准实施的监督与检查，相互配合、相互补充，形成多个评价主体、多种评价方式相结合的监督体系。

二、现代公共文化服务标准体系的运行过程

标准化三角形可以反映标准化的三个基本过程，即"标准的制定—标准的实施—标准实施的信息反馈"。但是当三个基本过程均已完成时，并不表示标准化活动的终止，而是新一轮的基本过程循环的开始，即新的标准的制定、实施与信息反馈过程。第一次循环的终点是第二次循环的起点；第二次循环的终点又是第

三次循环的起点。标准化水平在三个基本过程的不断循环中不断提高，这才是标准化的全过程。三个基本过程的每一次循环，都在原有基础上有所进步，使标准体系更加完善，晋升到更高的标准化水平。公共文化服务标准体系在这种不断地循环中，形成金字塔形的迁升轨迹，如图2-7所示。

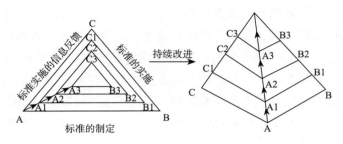

图 2-7　现代公共文化服务标准体系的迁升过程

公共文化服务标准体系的运行过程包括标准化的基本过程和迁升过程。建立科学合理的公共服务标准体系的运行过程模型，可以厘清标准体系运行过程中的关键环节与要素，为公共文化服务标准体系的宏观管理提供科学依据，为该标准体系的持续健康发展奠定基础。

对公共文化服务标准体系的管理公共文化服务标准的制定是信息生成的过程，需要有外力的推动，建立驱动模型可以对相关因素进行分析；公共文化服务标准的实施是信息传递、转化的过程，建立监督评价模型有利于公共文化服务标准体系监督评价工作的宏观布局；针对公共文化服务标准实施的信息反馈的过程，建立反馈控制模型，可为公共文化服务标准体系的持续协调优化打下基础。总之，针对公共文化服务标准体系运行的三个过程分别建立相应的模型，可为公共文化服务标准体系的整体管理提供科学依据和理论基础。

第三章　现代公共文化服务水平的提升

本章主要从以下四个方面展开分析：文化消费行为和志愿精神培养、文化类型社会组织建设、现代公共文化服务中的社会力量引入、现代公共文化服务设施供给和融资。

第一节　文化消费行为和志愿精神培养

一、文化消费和文化消费行为

（一）文化消费

文化消费是指在文化领域进行的消费行为，包括购买文化产品，如书籍、音像制品、艺术品等，也包括参观博物馆、美术馆、文化展览等文化活动，还可以是观看电影、听音乐、玩游戏、上网阅读等数字文化消费行为。

（二）文化消费行为

文化消费行为是指个人或群体在进行文化消费时表现出来的行为特征和模式。这些行为可以涉及消费者的心理需求、消费习惯、消费预算等方面，同时还可以受到文化市场、政策环境、社会文化背景等因素的影响。例如，在文化市场发展迅速的城市，人们的文化消费行为往往会更加多样化和高端化；在文化市场不发达的地区，人们的文化消费行为可能会受到限制。

总体来说，文化消费和文化消费行为是一个相互作用的过程。消费者在进行文化消费时会被文化市场和社会文化环境所影响，而他们的消费行为也会反过来影响文化市场和文化产业的发展方向。因此，对于文化产业的发展和文化消费行为的调查研究都具有重要意义。

（三）文化消费行为与现代公共文化服务

1. 文化消费行为是现代公共文化服务的重要组成部分

通过提供多样化的文化产品和活动，公共文化服务鼓励公众积极参与文化消费，满足他们的文化需求。例如，公共图书馆提供图书借阅服务、观众可以购买电影票观看电影、博物馆举办展览活动等，这些都是公共文化服务的一部分，也是公众进行文化消费的渠道。

2. 文化消费行为对于现代公共文化服务的发展具有重要意义

公共文化服务需要不断了解公众的文化需求和消费行为，以便更好地调整和提供相关服务。通过分析公众的文化消费行为，可以了解他们对不同文化形式的偏好，以及对不同文化活动的参与程度，从而有针对性地改进和拓展公共文化服务的内容和形式。

3. 文化消费行为对现代公共文化服务可持续发展的促进

公共文化服务的运营需要一定的经费支持，而文化消费是实现经济可持续性发展的重要途径之一。公众的文化消费行为，如购买文化产品、观看文化演出等，直接或间接地支持了公共文化服务的运作，为其提供了财政来源和经济动力。

二、志愿精神

（一）志愿精神的概念

"志愿精神"是指一种积极主动、无偿奉献的精神状态，表现为自愿参与社会公益活动，为他人和社会作出贡献，并乐意为此付出时间和精力。它体现了个人对社会责任和义务的认识和承担，同时也展现了一种积极向上、互助共享的社会价值观。

（二）志愿精神与文化消费行为

1. 志愿精神与文化消费行为的关系

志愿精神与文化消费行为之间存在着密切的关系。志愿精神是一种无私奉献、乐于助人、积极参与社会公益活动的精神，它体现了人们对社会、对他人的关爱和责任。文化消费行为则是指人们在日常生活中对文化产品或服务的消费，如观看电影、购买书籍、参加文化活动等。志愿精神与文化消费行为之间的联系体现在多个方面。

（1）志愿精神可以激发人们的文化消费欲望

当人们参与志愿服务活动时，他们可能会接触到各种文化形式和内容，从而增强对文化的兴趣和认知。这种兴趣和认知的增强会促使人们更加积极地参与文化消费活动，如购买文化产品、参观文化展览等。

（2）文化消费行为可以促进志愿精神的发展

当人们参与文化消费活动时，他们可能会遇到一些需要帮助或支持的情境，如参加公益活动、为弱势群体提供帮助等。这些情境会激发人们的同情心和责任感，促使他们积极参与志愿服务活动，为社会的公益事业贡献自己的力量。

2. 志愿精神在文化消费行为中的作用

志愿精神在文化消费行为中发挥着重要的作用。

（1）志愿精神可以推动文化消费的多样化发展

当人们积极参与志愿服务活动时，会接触到各种不同的文化形式和内容，从而拓宽自己的文化视野。这种多样化的文化体验会激发人们的文化消费欲望，促使他们尝试体验不同的文化产品或服务，丰富自己的文化生活。

（2）志愿精神可以增强文化消费的可持续性

志愿服务活动往往关注社会的弱势群体和公益事业，这些活动不仅可以帮助人们改善生活，还可以提高社会的整体福祉。当人们通过文化消费行为参与这些公益活动时，他们的消费行为就具有了更加深远的社会意义。这种可持续性的文化消费模式可以推动社会的可持续发展，促进文化的传承和创新。

（3）志愿精神可以提升文化消费的品质

当人们以志愿者的身份参与文化消费活动时，通常会更加认真地对待这些活动，更加深入地体验和感受文化的魅力。这种认真和投入的态度会提升文化消费的品质，使人们在享受文化产品或服务的同时，也能够获得更加深刻的思考和体验。

（三）志愿精神与现代公共文化服务

1. 志愿精神与现代公共文化服务的关系

在现代社会中，志愿精神与现代公共文化服务之间存在着紧密的联系。这种联系主要体现在志愿精神在推动现代公共文化服务的发展和提高公共文化服务水平上起着重要作用。

（1）志愿精神是推动现代公共文化服务发展的重要动力

作为社会文化发展的重要组成部分，公共文化服务需要广大民众的共同参与和支持。志愿精神的核心就是无私奉献和自愿服务，这种精神可以激发广大民众积极参与公共文化服务，为公共文化服务的发展提供源源不断的动力。

（2）志愿精神有助于提高公共文化服务的质量和水平

志愿者通过参与公共文化服务活动，不仅能够为公众提供丰富多彩的文化体验，还能够不断提升自身的文化素质和服务能力。这种双向的促进作用，有助于推动公共文化服务的质量和水平不断提高。

（3）志愿精神有助于构建和谐社会和促进社会进步

公共文化服务是社会文明进步的重要标志，志愿精神则是社会和谐发展的重要体现。通过积极参与公共文化服务活动，志愿者不仅能够为社会作出贡献，还能够促进社会和谐与进步。

2. 志愿精神在现代公共文化服务中的意义

（1）促进社会参与和互动

志愿者的参与可以鼓励更多的社会成员积极参与公共文化服务。他们通过自愿参与和奉献精神的示范，激发他人对文化活动的兴趣和参与欲望，推动社会的广泛参与和互动。

（2）提供个性化服务

志愿者可以根据个人的特长和兴趣，提供个性化的文化服务。他们可以根据观众的需求，提供定制化的解说和服务，增强观众的参与感和满意度，提升文化服务的质量与效果。

（3）塑造社区文化形象

志愿者在公共文化服务中的参与不仅是提供服务，还可以塑造社区的文化形象。他们通过自己的行为和言行，传递积极向上的文化价值观，增强社区的凝聚力和认同感，推动社区文化的繁荣与发展。

（4）传递志愿精神和公民意识

志愿者参与公共文化服务可以培养人们的志愿精神和公民意识。他们通过自己的实际行动，传递了奉献、互助和责任的价值观念，激发了更多人关注社会问题、参与公共事务的意愿，推动了社会的和谐与进步。

三、现代公共文化服务中志愿精神的培养

（一）教育宣传

通过学校、社区和媒体等渠道，加强对志愿精神的教育宣传。向公众普及志愿服务的概念和意义，让人们认识到志愿服务对个人成长和社会发展的重要性。

（二）建立激励机制

政府和社会组织可以建立激励机制，如设立志愿服务奖励制度、提供荣誉证书或奖学金等，以鼓励更多人参与志愿服务。同时，要确保激励机制的公平性和透明性，增加人们参与的积极性和动力。

（三）创造便利条件

提供良好的志愿服务环境和条件，为志愿者提供必要的培训和支持。例如，建立志愿者注册系统，便于志愿者的招募和管理；提供志愿者培训课程，提升志愿者的专业水平和服务能力。

（四）拓宽志愿服务领域

拓宽志愿服务领域，让更多人能够参与公共文化服务。除了传统的文化机构和活动，还可以开展社区文化建设、文化遗产保护、青少年文化教育等各种形式的志愿服务项目，满足不同人群的需求。

（五）培养合作意识和团队精神

鼓励人们参与集体志愿服务活动，培养合作意识和团队精神。通过团队合作，人们可以相互支持、协作配合，共同完成志愿服务任务，增强社会凝聚力和合作意识。

（六）倡导社会责任

引导企业、社会组织和个人承担社会责任，积极开展志愿服务。倡导企业积极履行社会责任，通过参与公共文化服务建设，以及鼓励员工投身志愿服务活动，塑造企业良好的社会形象。

（七）建立和完善志愿服务平台

建立和完善志愿服务平台，方便志愿者和志愿组织之间的联系和合作。通过互联网和移动应用技术，提供在线招募、信息发布、志愿者管理等功能，促进志愿服务的组织和协调。

第二节　文化类型社会组织建设

推动公共文化服务社会化发展的关键在于引入市场竞争机制。这就需要各级政府妥善处理与市场、政府和社会组织的关系，通过精简政府职能，进一步发挥市场在文化资源配置中的决定性作用。同时，充分激发各类市场主体的活力和社会力量，积极参与公共文化服务体系的建设，实现公共文化服务供给主体、供给模式及资金投入的多元化，进而构建以"政府主导、社会参与、多元投入、协同进步"为基本特征的现代公共文化服务治理体系，切实提升公共文化服务的供给能力和总体水平。

推动公共文化服务社会化发展，关键在于构建完善的政府向社会组织购买公共文化服务的体系，为社会力量参与公共文化服务提供便捷渠道，激励和引导社会力量投身公共事业领域。此举有助于改变政府过度干预的传统模式，促进政府运作方式的转型，缓解政府压力，提升政府管理和公共文化服务的社会效益；有助于发挥社会组织在提供公共文化服务、优化社会文化治理方面的作用，激发全社会的文化活力和创新能力。

推动公共文化服务社会化发展，本质上是为了确保民众基本文化权益得到保障，同时培育并促进文化消费。政府工作的核心在于营造有益于发展的环境，提供优质的公共文化服务，并维护社会公平正义。依据《国家基本公共文化服务指导标准》，确保民众基本文化权益的实现，对各级政府的保障责任和义务进行标准化，以及公共文化设施的建设、管理和服务的标准化，均是政府工作的重点。同时，要注意引导广大民众树立健康的文化消费观念和方式，激发文化市场主体的创新活力，从而增强经济发展的内生动力。

近年来，我国各地在公共文化服务社会化发展方面进行了许多具有现实基础、改革创新的有益探索，取得了显著成果和丰富经验。为了进一步推动公共文化服务的发展，各级政府应当在此基础上，不断完善和强化相关政策举措，为社会力量参与公共文化服务提供有力的支持。

首先，政府应加大对社会力量参与公共文化服务的政策扶持力度。通过制定一系列优惠政策，降低社会力量参与公共文化服务的门槛，鼓励和引导民间资本投入文化事业，促进公共文化服务供给的多元化。同时，政府还需对社会力量提供的人才培训、项目资助等方面给予支持，以提升社会力量的服务能力和水平。其次，营造平等准入的发展环境，对社会力量参与公共文化服务进行规范和引导。政府应当打破地域、行业等壁垒，让各类社会力量都能公平参与公共文化服务体系建设。在此基础上，加强对社会力量参与公共文化服务的监管，确保服务质量和效益。再次，推动社会体制机制创新，培育和促进文化类型社会组织发展壮大。政府应简化登记手续，降低运营成本，为社会组织开展公共文化服务提供便利。

同时，鼓励文化类型社会组织与其他社会力量合作，形成互补发展的良性循环，提高公共文化服务的覆盖面和影响力。最后，加强宣传激励机制，营造有利于社会力量参与公共文化服务的舆论氛围。政府应充分利用各类媒体，加大对社会力量参与公共文化服务的宣传力度，提高公众对文化事业的关注度和参与度。同时，通过表彰、奖励等形式，激励社会各界投身公共文化服务，形成全社会共同关注、支持、参与公共文化服务体系建设的良好氛围。

文化类型社会组织包括文化类行业协会、基金会、民办非企业单位等社会组织。文化类型社会组织参与公共文化服务建设有助于丰富公共文化产品和服务供给，提高公共文化服务的水平。

发挥文化类社会组织在公共文化服务中的作用，重点要做好以下工作。

一、支持各类公共文化服务机构成立文化类行业协会

通过成立文化类行业协会，发挥其在行业自律、行业管理、行业交流等方面的重要作用。

（一）促进行业间的合作与交流

协会可以为公共文化服务机构提供一个平台，使它们能够相互了解、分享经验、交流观点，并通过合作推动行业的发展。协会可以组织定期的会议、研讨会和培训活动，以增强成员之间的联系与互动，提高整个行业的水平和竞争力。

（二）为公共文化服务机构提供规范和指导

通过制定行业标准、道德规范和职业准则，协会可以推动行业内部的自律和规范化发展。这有助于提高公共文化服务机构的专业素质和服务质量，保护用户权益，树立行业良好形象。

（三）代表公共文化服务机构的利益，促进对话和沟通

协会可以参与行业政策的制定和决策过程，为公共文化服务机构争取更多的资源和支持。通过与政府的合作，协会可以为公共文化服务机构提供更好的发展环境和政策支持。

（四）增强公共文化服务机构的集体认同感和凝聚力

协会可以组织各类活动，如专业论坛、展览、奖项评选等，以提高成员之间的互动和认同感。这不仅有助于促进行业内部的合作与交流，还能够提高整个行业的社会声誉和影响力。

二、实行政事分开和管办分离

推动文化行业协会与行政机关脱钩，将适宜社会组织承担的公共文化服务事项交由其负责。

（一）确保文化类型社会组织的独立性和自主性

政事分开意味着政府不干预文化类型社会组织的具体运营和管理，不进行任何形式的指导或控制。这种独立性和自主性可以使文化类型社会组织更加灵活和富有创新性，能够自主决策，并根据实际需要调整其战略和目标。

（二）提高文化类型社会组织的透明度和公正性

政府不干预文化类型社会组织的具体运营和管理，可以减少权力干预和腐败行为发生的可能性。这样可以保证文化类型社会组织的资源分配更加公正和合理，避免资源被滥用。

（三）促进文化类型社会组织的专业化

政府将具体运营和管理交给专业的管理团队，可以确保文化类型社会组织的运作更加高效和专业化。专业的管理团队可以根据市场需求和用户需求进行策划和运营，提供更加优质和多样化的文化服务。

（四）建立健全监督机制和法律法规体系

政府可以通过监察机构对文化类型社会组织进行监督和评估，确保其合法合规运作。同时，建立健全法律法规体系可以为文化类型社会组织的运营提供保障和指导，促进其良性发展。

三、加大政府向文化类型社会组织购买服务的力度

各级政府管理的资金、资源、项目也要向文化类型社会组织开放，给文化类型社会组织与公益性文化事业单位平等的竞争主体地位，培育文化类型社会组织的造血机制，使其具有可持续发展能力。

（一）激发社会创造力和活力

文化类型社会组织通常具有资源丰富、专业化的特点，能够提供多样化、高质量的文化服务。政府通过购买这些服务，可以充分利用社会资源，推动文化创意产业的发展，培育新的文化产品和市场需求，促进经济增长和就业机会的创造。

（二）优化资源配置和提升效率

政府可以通过购买服务的方式，将公共资源引导到社会组织，避免了自身运营和管理的烦琐过程。文化类型社会组织通常具备丰富的专业知识和经验，能够更加高效地提供专业化的文化服务。这样一来，政府可以更好地利用社会组织的专业优势，提升文化服务的质量和效益。

（三）促进公共文化服务的多元化和社会参与

文化类型社会组织通常关注民众的需求和兴趣，能够提供更加多样化、个性化的文化服务。政府通过购买这些服务，可以满足不同群体的文化需求，推动公共文化服务的多元化发展。同时，这也鼓励了社会组织的参与和创新，增强了公众对文化事业的参与意识和归属感。

（四）建立良好的政府社会组织关系

政府通过购买服务，可以与社会组织建立长期合作关系，并通过协商和合作解决问题，形成共赢局面。这种合作关系有助于建立信任和互动机制，促进政府与社会组织之间的有效沟通和合作，共同推动文化事业的繁荣和发展。

四、加强规范和管理

制定和完善关于文化类型社会组织的规章，明确功能定位。加强政府管理和社会监督，严格执行社会组织年检制度和信息公开制度，开展运营绩效评估和社会信用评估，实现依法管理、依法运营，促进文化类型社会组织规范有序。

（一）提高社会组织的服务质量和效率

在文化领域，社会组织通常提供多样化、高质量的文化服务，这对于满足公众文化需求、推动文化产业发展、促进文化传承和创新具有重要作用。但是，在服务过程中可能出现一些问题，如服务质量不高、行为不规范等，这会影响服务效果和社会评价。加强规范和管理，能够帮助社会组织规范服务行为、提高服务品质，进而增强其竞争力和市场地位。

（二）促进社会组织良性发展

社会组织的发展需要有一个良好的法治环境和管理制度，以保障其合法权益和稳定运行。此外，由于文化领域存在一定的敏感性和风险性，社会组织的活动还需要受到政府和社会的监督和管理。加强规范和管理，可以使社会组织更加规范地履行职责、遵守法律法规，保障其合法权益，防范风险和损失。

（三）促进政府与社会组织的协作

作为文化事业的主管部门，政府需要通过与社会组织的协作来推动文化事业的发展。社会组织通常具有丰富的资源和专业性，能够为政府提供多样化、高质量的服务和支持。但是，政府与社会组织之间也需要建立一种规范、协调、互信、互利的关系。加强规范和管理，可以帮助政府更好地理解社会组织的需求和特点，提高政府对社会组织的支持力度和效果，形成政府与社会组织合作共赢的局面。

（四）增强公众对文化类型社会组织的信任和认可

社会组织的存在和发展需要得到公众的支持和认可，而这种认可和信任又需要建立在良好的规范和管理基础之上。加强规范和管理，可以提高社会组织的透明度、公信力和形象，增强公众对其的信任和认可，从而促进社会组织的发展和壮大。

第三节　现代公共文化服务中的社会力量引入

一、社会力量是公共文化服务的源泉

社会力量是公共文化建设的重要组成部分，是文化建设取之不尽、用之不竭的源泉。近几年，公共文化服务体系建设取得了显著的成绩。

在我国的公共文化服务体系建设中，社会力量发挥着至关重要的作用。多年的实践证明，我国在文化发展领域的开放和宽容的管理政策，为各类中小型文化企业和创业者提供了广阔的发展空间，使他们能够迅速地接触到有文化需求的消费者。这一政策导向使得公共文化服务呈现出多元化、包容性和富有活力的发展态势。随着现代公共文化服务制度的改革，我国进一步明确了各类社会主体参与文化建设的范围、领域、项目和活动。在这个过程中，政府积极鼓励和支持民营机构承办各类文化活动，如节庆、赛事、展会和演出等。这丰富了公共文化服务的内容，也激发了社会活力，促进了文化产业的繁荣。此外，引导社会力量参与管理社区文化活动中心，使其成为居民文化交流、娱乐和休闲的重要场所。这种模式既提高了社区文化活动的质量，也使社会力量在公共文化服务中扮演了更加重要的角色。

社会力量参与公共文化服务是一种有效的方式，可以提升文化服务的效率。在我国，文化部门与各类社会组织机构，包括但不限于企业、事业单位和民间组

织，正在积极探索建立合作共享机制。这种机制的建立，旨在取长补短、各取所需，实现共赢。在这个过程中，全社会范围内的各类文化资源，包括跨区域、跨部门、跨系统的资源，都被整合利用和优化配置。这种整合和配置的方式，有利于提高公共文化资源的使用效率，使得公共文化服务能够更好地满足社会大众的需求。以与企业合作举办艺术节为例，这是一种双赢的合作模式。在这种模式下，企业可以通过赞助艺术节来实现品牌推广和市场营销目标。与此同时，社会大众也能够免费参与艺术节活动，或者享受到购物折扣等优惠措施。

社会力量参与公共文化服务有助于我们更好地践行社会主义核心价值观。公共文化服务的发展不仅仅依赖于政府的力量，更需要社会各界的积极参与。这种参与意识体现了市场在公共文化服务中的积极作用，同时也揭示了文化建设与经济建设之间的区别。文化建设关乎人们的精神面貌和意识形态，而社会主义核心价值观则是文化的灵魂。要增强城市的文化活力，就必须赋予文化活动和内容正确的价值导向，让社会主义核心价值观在多元化的文化样式中得到充分体现。这包括但不限于电影创作、广电节目、舞台艺术、美术作品及各类文化活动中，都要凸显社会主义核心价值观的重要地位。为了实现这一目标，我们需要充分发挥各类文化设施、场所和社区文化活动中心的功能作用。这些文化设施不仅是传播文化的载体，还是联系社会力量与公共文化服务的桥梁。通过充分发挥这些设施的作用，我们可以将社会主义核心价值观融入人们的日常生活，使其成为人们精神世界的一部分。

二、社会力量参与现代公共文化服务的主要问题

倡导社会力量参与，始终是公共文化服务体系构建的基本政策导向。然而，在实际操作过程中，仍存在诸多问题。

（一）观念需要进一步转变

在当今社会，文化产业发展迅速，市场竞争日益激烈。我国文化主管部门需要顺应时代发展趋势，转变"全能政府"的思维模式，实现从"主办"到"主导"的华丽转身。在这个过程中，摒弃文化资源的"垄断"思想，遵循小政府、大社会的改革导向，成为推动文化产业发展的重要力量。过去，我国政府在文化领域扮演着"主办"甚至"包办"的角色，过度干预文化市场的运作。这种模式虽然在一定程度上保障了文化产业的稳定发展，但也导致了资源配置不合理、创新动力不足等问题。随着市场经济的发展，政府职能需要逐步转变，以实现与文化产业发展相适应的管理模式。

（二）机制需要进一步创新

当前，我国社会各界参与公共文化服务的形式已经初步呈现出多样化的趋势，包括兴办实体、资助项目、赞助活动等。这些途径和方式不仅丰富了公共文化服务的内涵，还提升了服务质量，满足了人民群众多样化的文化需求。然而，要进一步推动公共文化服务的发展，关键在于健全和完善引导、鼓励的政策措施，构建合理的机制，并落实财政支持、税收优惠、金融支持、精神激励等方面的具体优惠政策。

在财政支持方面，政府应设立专项资金，对社会力量举办的公共文化服务项目给予补贴、资助或奖励。此外，还可以考虑采用政府购买服务的方式，将部分公共文化服务项目交由社会力量承担，以提高公共文化服务的供给效率。在税收优惠政策方面，政府应对参与公共文化服务的社会力量给予税收减免，以降低其运营成本，鼓励更多社会资本投入公共文化服务领域。同时，要加强对税收优惠政策的宣传和解读，提高社会力量对政策的认知度和利用率。在金融支持方面，金融机构可以创新金融产品和服务，为社会力量参与公共文化服务提供多样化的融资渠道。政府还可以设立专项贷款，支持社会力量举办的文化企业、项目的发展。在精神激励方面，政府应加大对社会力量参与公共文化服务的表彰和宣传力度，提高其社会地位和影响力。同时，鼓励社会各界对公共文化服务的捐赠和志愿服务，形成全社会共同参与的良好氛围。

（三）服务主体需要进一步拓展

所谓的政府购买主体主要包括以下三类：第一类是政府行政机关；第二类是承担行政管理职能或为行政机关行使职能提供支持保障的事业单位；第三类是经费由财政负担的群团组织。此外，公益性文化事业单位也可以通过向社会力量购买服务的方式提供服务。

（四）非营利文化组织需要进一步培育

我国非营利文化机构的发展尚处于起步阶段，其数量和规模相较于社会发展的需求而言，显然是不足的。为了弥补这一短板，各级政府在未来的工作中应当采取一系列措施，以推动非营利文化组织的蓬勃发展。

政府需要加大宣传力度，普及非营利文化组织的理念、功能与价值，通过媒体、网络、社区活动等多种形式，让更多的人了解非营利文化组织的内涵与意义；政府部门应简化审批流程，降低准入门槛，为非营利文化组织的成立和发展提供便利；政府应设立专项资金，对非营利文化组织进行扶持和补贴，缓解其资金压力，同时鼓励企业、社会组织和个人捐赠资金和物资，为非营利文化组织提供稳定的资金支持；政府应开展有针对性的培训和指导，提高非营利文化组织从业人员的专业素养和业务能力。

（五）绩效评价需要进一步完善

我们要明确政府采购公共文化服务的基本原则。群众满意度是衡量公共文化服务效果的重要指标，我们的目标是满足广大人民群众的文化需求，提高他们的生活质量。为此，我们需要将政府采购公共文化服务的内容、项目、方式、途径等以法律形式固定下来，使之更具规范性和稳定性。我们要对购买服务的数量、质量和资金使用绩效等进行全面考核评价。这包括对服务项目的实施情况进行监督，确保项目的顺利进行和按时完成，对服务质量和效果进行评估，了解民众的满意度和需求满足程度，对资金使用情况进行审计，确保资金的合理分配和有效利用。在此基础上，我们特别需要强化以需求为导向的群众评价和反馈机制，建立以效益为导向的绩效评价机制。绩效评价应涵盖服务项目的社会效益、经济效益和环境效益等方面，以全面、客观、公正地评估公共文化服务的成果。

三、引导社会力量参与现代公共文化服务的具体策略

（一）政策引导

政府可以通过制定相关政策来鼓励社会力量参与公共文化服务。例如，提供税收优惠政策、设立专项基金等，以激励社会组织、企业和个人参与公共文化服务。

（二）建立合作伙伴关系

政府可以与社会组织、企业建立合作伙伴关系，共同开展公共文化服务项目。通过合作，政府可以借助社会力量的资源和专业知识，提供更多元化、更丰富的文化服务。

（三）设立奖励机制

政府可以设立奖励机制，对积极参与公共文化服务的社会组织、企业和个人进行表彰和奖励。这可以激发更多社会力量的积极性和创造力，促使他们更加主动地参与公共文化服务。

（四）拓展渠道

政府可以通过开放平台、线上线下结合等方式，拓展公共文化服务的传播渠道，为社会力量提供更多展示和推广的机会。这样可以吸引更多社会力量参与，

并将文化服务传递给更广泛的受众。

（五）提供培训和支持

政府可以提供培训和支持，帮助社会组织、企业和个人提升公共文化服务的能力和水平。通过提供专业知识、技术支持和资金扶持等方式，促进社会力量更好地参与公共文化服务。

第四节 现代公共文化服务设施供给和融资

一、现代公共文化服务设施供给

公共文化服务设施的供给模式对某一国家或地区的公共文化服务水平具有决定性作用。选用恰当的公共文化服务供给模式，不仅有助于维护公众的文化权益，还能提升文化软实力。

（一）现代公共文化服务设施的供给模式

公共文化服务设施的产出——公共文化服务分为以下三种：第一种是可以满足社会上绝大部分公众需要的基本公共文化服务，包括公共图书馆、公共文化空间等公共文化产品，这种公共文化产品属于纯公共产品的范围；第二种是为社会上具有特别、持久偏好的人群所提供的公共文化服务，包括公益性文化演出、艺术展览、戏曲表演等，这类公共文化服务具有俱乐部产品的性质；第三种是可以为社会大众中具有较高文化鉴赏能力的社会公众所提供的公共文化服务，而且这种公共文化服务可以在未来形成文化品牌效应，包括歌剧院、音乐厅、舞剧院等，这类公共文化服务从性质上与私人产品相类似。从公共产品的性质上划分，第一种公共文化服务属于纯公共产品的范围，第二种和第三种公共文化服务则属于准公共产品的范围，在运营的过程中可以产生现金收益。第二种和第三种公共文化服务设施便是本书研究的范围，而提供第一种产品的公共文化服务设施则应由政府部门全权提供，不在本书的研究范围之内。

在对国内外公共文化服务设施的供给模式进行分析的基础上，笔者认为公共文化服务设施的供给模式主要有以下几种。

1. 政府主导型公共文化服务设施供给模式

1986年，联合国在"世界文化发展十年"（1988—1997）活动中提出，要对构成21世纪特征的重大世界挑战作出回答，就必须在发展中强调两个重要的目标——发展的文化尺度和人民的文化生活。从某种程度上来说，制定公共政策，推动公共文化的发展，是各国政府应担负的一个重要责任。从国内外各个政府提供公共文化服务设施的方式来看，在相当长的一段时间里，政府都是公共文化服务的主要决策者和提供者，由政府采取直接干预的方式为公众提供公共文化服务设施。

根据公共选择理论，在均衡状态下，政府公共文化供给效率达到最佳目标，是体现政府履行资源配置职能的最优选择，这个选择基于以下条件。

第一，存在一个全知、无私的政府，其在确定最优政府公共文化供给时，充分了解公众对公共文化服务的需求偏好及愿意支付的价格，同时掌握全体公众的效用函数。

第二，公众愿意真实反映对公共文化服务的需求偏好。

第三，公共文化服务和产品的供给成本由纳税人分摊，每个人都能精确计算从公共产品消费中所获得的收益，并根据收益大小自觉分担公共产品的生产成本。

第四，政府计划者能设计出无效率损失的最优公共文化服务供给规模和结构，并据此向公众征收税收。

第五，非政府机制失灵。市场机制、自愿协商联合机制、合约机制及民间自愿机制等在公共文化服务和产品的供给中均无法发挥作用，唯有政府机制能够替代并提升公共福利潜力。

随着经济水平的持续提升，公众对公共文化需求的表现越发活跃，政府主导的公共文化资金供给模式面临挑战。公共文化支出通常局限于特定领域，导致资金分配不均。尽管政府干预这种模式在指挥统一、组织简洁、操作性强等方面具有优势，但供需不对称的问题也不容忽视。信息不对称和精英文化传统价值观主导下，国家对基层文化的扶持表现为"喂食"式的文化供给，与民间需求存在差距。

公共选择中的均衡理论旨在通过调整纳税人税收份额，解决最优税收结构和相应最优公共支出水平问题。但这同样可以应用于政府公共文化服务供给的最优规模、范围和比重等议题。

不过，在现实经济社会中，公共文化服务的供给效率问题一直备受关注。人们期望政府能够有效地提供公共文化服务，满足社会需求。但事实上要满足公共文化服务供给效率的各项条件却是极其困难的，甚至是不可能的。政府失灵是导致公共文化服务供给低效率的主要原因之一。在现实经济社会中，很难找到一个无所不能的政府。政府同样会受到信息、知识、经验等方面的限制。因此，在公共资源配置决策过程中，政府可能会出现资源配置效率低下、受到信息约束及激励不足等问题。此外，非政府机制在公共产品供给中未必失灵。新自由主义思潮中的制度学派、公共选择理论等就认为在不存在交易费用的条件下，以追求私利最大化为目标的个人会自发地联合起来通过协商谈判方式来有效地解决公共产品供给问题。即使存在交易费用，只要没有政府的过度干预，市场机制也能够通过产权明晰来提高公共文化服务供给的效率。

因此，对于公共文化服务而言，公共文化服务的准公共产品性质及传统政府供给的低效率性决定了公共文化服务体系应引入多元化的供给主体。

在公共文化服务设施供给中，政府可以通过以下方式来履行自己的职责。经营自己的生产单位主要是政府文化主管部门在系统内进行。政府文化主管部门在生产过程中，主要依靠征收税款作为经费预算。税收是政府文化主管部门最重要的财政来源，也是保障文化事业发展的基石。在政府文化主管部门的监管下，生产的文化产品数量通常相对有限。这是为了确保文化产品的高质量，以及优先保障纯粹的公共文化物品和服务供给，如国家图书馆。

为了更好地提供公共文化服务，我国政府积极引入市场机制，创新服务模式，其中之一便是公私合作伙伴关系（PPP）。PPP模式在公共文化服务领域的应用，使得政府、企业和社会组织共同参与公共文化产品的生产和服务，提高了服务质量和效率。PPP模式的具体操作方式之一是与私人公司签约，委托生产。政府和公共文化服务机构根据公众的需求和反馈，制定明确的服务标准，然后委托具有资质的社会机构生产一定数量的公共文化产品。同时，政府还需要对供给过程进行有效管理，确保产品能够公平、合理地分配到各个单位和公众手中。

特许经营是一种创新性的公共服务提供模式，近年来在我国得到了广泛的应用。我国公共文化服务资源长期以来面临供需失衡的问题，尤其是在基层地区。通过引入特许经营模式，政府可以将一部分公共文化服务交由市场来提供，从而提高服务供给的总量和质量。在这一模式下，政府通过出让一定期限的公共文化服务的经营权，吸引私营部门积极参与公共文化服务基础设施的建设、运营和管理。此举旨在充分发挥市场机制的作用，提高公共文化服务的质量和效率，满足社会公众日益增长的公共文化需求。政府在推行特许经营模式时，也应强化审批和市场监管，确保私营部门在提供公共文化服务过程中遵守相关法规，维护公众利益。

第一种方式适合纯公共文化服务的供给，第二种和第三种方式使用的前提是国内具有成熟的文化市场，并且拥有较强大的政府文化监管部门，如英国有英国文化协会、加拿大具有详细的公共文化监管框架并包括 53 个细则。第二种和第三种方式适合准公共文化产品的供给。

第二次世界大战结束后，西方国家经历了从自由型向福利型的深刻转变。在这一过程中，国家的立法和行政机构逐渐摒弃了之前的被动应对策略，转而采取积极主动的姿态干预国内的社会文化经济活动。这一变化催生了一批文化行政组织的诞生，它们在各个国家中扮演着重要角色。政府主导型模式在各国文化行政组织中表现得尤为明显。在这种模式下，从中央到地方政府的各级文化行政管理部门纷纷设立，负责制定和实施与文化相关的政策。这些部门之间的关系各异，有的采用垂直领导关系，如法国；有的则不然，如日本。各级政府文化部门在扮演政策制定者和执行者的角色时，还对文艺团体提供有限资助，以确保文化事业的持续发展。此外，它们还致力于提供完善的公共文化服务，以实现公共文化服务的普惠宗旨。这些文化部门通常以非营利性质的组织为基础，通过无偿的方式向公众提供公共文化服务。

随着我国经济水平的不断提高，公众对公共文化需求的表现将更加活跃和增长。在这种情况下，政府主导的公共文化资金供给模式将逐渐显得力不从心。一方面，公共文化支出往往局限于一些定向的公共文化服务部门，这导致了公共文化资金供给的不平等。另一方面，政府主导型公共文化服务模式虽然是一种简单的管理方式，但并非一种高效的管理方式。这种模式存在着政府干预过度的问题，导致供给需求不完全对称。

2. 市场分散型公共文化服务设施供给模式

在市场分散型公共文化服务供给模式中，政府的主要职责是根据公共文化政策和法规，为公共文化服务设施的建设和运营创造良好的文化环境。此外，政府还需大力扶持和鼓励各类文化团体或机构的生存与发展，以促进文化多样性和丰富公共文化服务的内容。由于公共服务的特性，企业或私营部门等社会资本在公共文化服务中所占的比重较小。然而，一旦社会资本在公共文化服务领域站稳脚跟，它们便会具备较大的生产能力和市场竞争能力。在文化基础设施建设和某些具体文化物品及服务的供给方面，社会资本具有政府无法比拟的优势。在公共文化服务的供给过程中，政府与市场之间的关系并非简单的管制与被管制，而是一种以公共利益为核心的合作伙伴关系。政府需要充分发挥引导和监管作用，确保市场在公共文化服务中的有序运作，同时鼓励社会资本参与公共文化服务，实现政府和市场的优势互补。

具体来说，市场分散型公共文化服务供给模式中的公共文化服务市场化具有如下特点：政府主要履行决策职责，对公共文化服务的规模和效益进行决策与监督，而实施职责可由市场或社会力量承担；通过市场竞争，打破政府垄断，实现公共文化服务供给的多元化，鼓励非政府组织、私营部门、公共部门等参与服务提供；构建以市场运作为基础，政府宏观管理为保障的公共文化服务运行机制，实现公共机制与市场机制的有机结合。

但是，私人或市场生产和提供公共文化服务，在政府监管不力和文化市场不成熟的情况下，有可能使公共文化服务丧失其公益性和文化性。在政府监管有力和文化市场成熟的情况下，市场可以采用以下几种模式提供公共文化服务。

（1）公共生产，市场提供

公共部门直接负责文化产品与服务的生产，市场主体则依据盈利原则提供这些产品与服务。此类产品通常具有显著的外部效应和盈利特性。采取公共生产方式可以确保文化产品内容和质量的可信度，而市场提供方式则可充分发挥市场主体的优势，以占领文化市场。

（2）非公共生产，混合提供

文化产品生产由私营部门或公共部门共同承担，随后由政府部门、市场主体或双方共同合作，以有偿方式向社会提供。

（3）非公共生产，市场提供

非公共生产，市场提供的核心理念是将公共文化产品的生产交由私营部门或公共部门联合组织完成，政府及公共部门则承担起指导、协调和服务的角色。在此基础上，市场按照商业性文化的原则向社会提供产品或服务。在这个模式中，政府的职责首先在于完善法律法规，为公共文化服务的发展提供有力的法制保障。政府需要制定一系列相关政策，鼓励和引导社会力量参与公共文化产品的生产和供给。此外，政府还需培育市场机制，促使各类文化企业积极参与公共文化服务。政府应监管公共文化服务的生产过程，确保文化产品的质量和品位。这并不意味着政府需要直接参与生产，而是要制定合理的公共文化服务准入和退出机制，确保市场上的公共文化产品符合国家法规和社会道德要求。

市场分散型公共文化服务模式在很大程度上与西方发达国家自由经济的传统理念一脉相承。这种模式主张自由发展理念，排斥政治干预，形成了一种非政府主管的公共文化服务模式。这种模式对市场经济的成熟程度、公民社会的发展水平及公民对文化权利的认知有着较高的要求。因此，在发展过程中，它表现出较为明显的"西方化"特征。

市场分散型公共文化服务模式的显著优势在于，通过多元化的提供主体来满足不同层次的公众文化需求。这种方式充分发挥了非政府组织的积极作用，避免了政府直接提供公共文化服务所带来的效率损失。在很大程度上，这种模式有助于提高公共文化服务的质量和效益。然而，市场分散型公共文化服务模式也存在一定的局限性。一是这种主要依赖非政府组织提供公共文化服务的形式不利于国家统一价值观的形成。在多元化的发展背景下，不同组织和团体可能传播不同的文化理念，这可能导致社会价值观的分裂。二是这种模式不利于贯彻政府的文化战略。由于非政府组织在公共文化服务领域的自主性较强，政府在文化发展方面的指导和引领作用可能受到一定程度的削弱。

在我国，政府已经意识到市场分散型公共文化服务模式的优缺点，并在实践中努力寻求一种平衡。一方面，政府鼓励和支持非政府组织参与公共文化服务，充分发挥市场机制的作用，满足公众多样化的文化需求；另一方面，政府强化对公共文化服务的顶层设计和政策引导，以确保国家文化战略的贯彻落实。此外，政府还积极推动公民社会的发展，提高公民对文化权利的认识，为市场分散型公共文化服务模式的健康发展创造有利条件。

（二）我国公共文化服务设施供给的历史沿革

一直以来，我国的公共文化服务供给模式都遵循着政府主导的主旨，在不同时期根据当下实际需要，政府主导的力度会有不同的调整，这种公共文化服务供给模式在我国长期实行并与我国的政治经济体制及其发展方向深度融合，有助于我国经济的发展和公共文化服务的建设。随着社会主义市场经济体制改革的逐步深入，人们生活水平的逐步提高，人们文化诉求的逐步多样化和弹性化，我国的公共文化服务的供给模式也在不断调整。时至今日，在社会主义文化大繁荣大发展的公共文化服务设施供给的创新模式及其融资优化路径感召下，我国逐步在公共文化服务设施供给主体中融合社会资本，从而更好地适应我国经济发展现状，满足社会对于公共文化服务的需求。

我国公共文化服务设施供给主要经历了以下的历史沿革阶段。

1. 计划经济时期的公共文化服务设施供给

中华人民共和国刚成立时，借鉴的主要是苏联的文化体制模式，形成了从中央到基层、自上而下的文化部门垂直管理的布局。1949年10月，政务院作为我国的最高行政机构成立了"政务院文化教育委员会"，负责文化和教育活动的管理。政务院文化教育委员会统一管理全国的文化教育活动，并将文化和教育管理进行整合，规定各省、市、县只设教育厅（局），不再单独设立文化厅（局），形成全国范围内文化教育管理一体化的格局。政务院文化教育委员会负责文化机构的编制及工作任务安排，1950 年，政务院针对文化和教育管理的分离发布了《关于调整省、市人民政府文化行政机构的决定》，提出成立专门的文化部门对公共文化进行统筹和管理，并进一步明确了文化行政机构的职责。自此，通过行政隶属关系，我国中央文化主管部门和地方文化主管部门之间形成了一种自上而下的组织体系网络，直接管理全国的文化工作。在计划经济体制下，这种自上而下的"条条"管理为主的公共文化治理和供给模式的优点是操作简单，方便政府进行合理的资源配置，向社会公众提供高效的公共文化服务，满足公众的基本需求，保障公众在文化方面的基本权利，但是这种公共文化供给模式也有缺点。

首先，在这种模式下，政府成为文化管理和文化产品生产的唯一主体，文化事业单位按照政府的指令或计划进行文化生产，导致文化服务主体单一、文化内容结构失调，不利于满足农村居民的精神文化生活需求。通过生产和供给文化产品满足人民的基本文化需求成为党和政府的职责。在计划经济体制下，社会缺乏自主性，在文化服务的规划、生产和管理方面，都由政府主导并统筹负责，文化部门承担公共文化服务的全部职能，实行从中央延伸到乡村社会的管理模式。这种文化供给模式以行政干预为主，强调国家政府对文化服务进行统一的计划和管制，然而公众的精神文化生活需求是一种社会需求，具有一定的社会属性，因此需要一定的文化自主性。政府负责配备足够的物质、资金、人员、信息及技术来满足文化组织和文化机构的发展需要，并建立了科技、教育、文化、卫生、体育等一大批基础设施，并向公民提供了相对均等的公共文化服务，人民的全部文化活动在福利的意义上说都具有公共性质。但是这一阶段我国的发展仍处于一个比较缓慢的水平，因此社会的文化服务总供给严重不足。又由于各个地区的发展水平不同，部分偏远地区和经济不发达地区的文化服务供给更是与预期目标相差甚远。

其次，这种高度集中的计划经济分配体制导致了公共文化服务设施供给效率降低。计划经济体制下，政府统一进行资源分配，从而发展社会经济。文化部门是庞大管理体系中的一个分支，文化部门之下还根据专业分工组建了文化行业系统，如文化系统、广播电视系统、新闻出版系统、文物系统等，组成了党委与政府、政府与行业、行业与基层单位这样一个自上而下管理的基本组织框架。文化生产的决策权集中在框架的最高层，但是在实践中，由于上级与下级之间"信息不对称"，信息传输过程中存在失真的现象，信息收集和反馈的不及时、不充分导致了文化管理和决策的效率不高，而且具有供给与需求不完全对称的缺点，因此这种模式不仅是一种低效率的资源配置模式，还是一种低效率的生产方式。同时，在精英文化的传统价值观主导下，国家供给和社会公众实际需求之间存在一定的差异，使得国家对社会基层文化的扶持体现为一种在精英价值观主导下的"喂食"式公共文化供给方式，对社会公众的实际精神文化需求关注不够。

最后，文化服务的成果无法具体量化，其生产结果是不可测量的，因此很难按量分配劳动报酬，一般是采用固定工资的方式。这就导致了在文化生产过程中，容易存在部分成员出现"搭便车""偷懒""寻租"等机会主义行为，这一劳动报酬分配模式，助长了人们增加闲暇特别是在职闲暇、减少有效劳动供给的风气和想法，抑制劳动者努力工作的积极性，不利于激励文化工作者自主进行文化生产，难以进一步激发文化工作者的主动性和创造性。

2. 转型时期的公共文化服务设施供给

改革开放以后，我国的经济快速发展，计划经济体制被市场经济体制所取代，市场配置成为社会资源的主要配置方式，政府作为公共文化服务资源的主要供给者和分配者的作用也被逐渐削弱，逐渐转变为社会第二次分配的仲裁者。这一时期我国公共文化服务提供层面的一个重要任务就是厘清政府与市场之间、政府主管部门与直属单位之间的关系。1978 年，人民日报社开始尝试"事业单位＋企业化管理"的经营方式，通过这种经营方式的转变，获得文化产业收益，弥补财政投入的不足，以自身的生产所得大力发展文化产业。文化产业开始仿照经济体制的变化进行改革，文化单位开始推行承包经营责任制，这一改变改善了计划经济时期"吃大锅饭"的风气，激发了成员的劳动热情。同时，实行了"以文补文、多业助文"的改革措施，来解决文化单位的经济困境。此外，国家还对文化事业单位进行了"双轨制"管理，鼓励部分文化事业单位通过市场化、多元化经营获得资金来源，鼓励文化事业单位通过市场化来丰富文化事业经营的资金来源。在这一转型时期，文化组织由原来的直接受政府管理变为间接受政府管理，政府管理的行政约束力被削弱，政府与文化组织由原来的统一管理、直接供给的关系变为了一种市场经济体制中，独立法人实体与市场仲裁者和民族文化守护者之间的关系。这一时期，我国政府还通过一系列的优惠政策，鼓励文化建设随经济体制的改革而变化。1992 年，党的十四大确立了社会主义市场经济体制的方针，国家文化宣传工作的职能从原来的为政治服务转变成为经济建设和改革开放服务，并进一步加大财政支持。

3. 20 世纪 90 年代至今的公共文化服务设施供给

1994 年，我国通过分税制改革将地方公共设施建设权从中央政府下放到了地方政府，地方政府在公共文化服务建设上有了更多的自主权，我国迎来了公共文化服务供给的新时期。分税制改革后，地方政府被压抑的投资热情被充分释放出来，各地公共设施的建设如火如荼地开展起来。

计划经济体制使社会和政府都产生了公共文化服务产品必须由地方政府来生产和提供的思维意识。因此，在公共文化服务设施的供给中，地方政府全权负责公共文化服务的资金供应、运营管理等。

虽然中央政府为了解决地方政府提供公共文化服务方面的资金问题，进行了一系列努力，但由于地方政府在直接融资和对社会资本进行税费优惠这两方面缺乏自主权和决策权，因此社会资本试水公共文化服务的案例很少。

当然，在具体的公共文化服务设施供给的组织模式中，部分地方政府也进行了一些探索。一些地方政府通过 PPP、建设—经营—转让（BOT）等公私合营方式吸引社会资本供给公共文化服务，然而换汤不换药，这种模式下资金供应和管理还是政府的事情。当然在此过程中，由于缺乏经验，一些地方政府在 PPP、BOT 中，将公共文化服务完全推向市场，实行完全的市场化经营，因缺乏有效的监管，加上我国文化市场不成熟，这些公共文化服务往往失去了"公益性"和文化属性，造成了国有资本的流失。值得欣慰的是，这一时期一系列非营利文化组织建立，并在保护民族传统文化、繁荣现代文化的过程中发挥了重要作用，其中比较著名的有陕西省国际文化交流基金会等。

总之，改革开放以来的实践证明，完全由地方政府提供公共文化服务设施是不可行的。但是想采取 PPP、BOT 等模式将社会资本融入公共文化服务建设，并扩大公共文化服务，则需要有力的监管机制和健全的市场机制。在市场不完善和监管不到位的情况下，在公共文化服务中融入社会资本容易造成文化单位的实际运作性质与预期的"公共服务"属性相脱节，特别是在创收比较困难或没有创收的情况下，甚至原有的一些公共文化服务也会被公共文化部门所放弃。新时期公共文化服务设施供给存在的最大问题就是地方政府没有直接的融资权和税费返还权，这一时期中央财政和地方政府之间还是一种过渡式的财政关系，地方政府只有事权，没有财权，事权和财权分离。

（三）现阶段我国公共文化服务设施供给存在的问题及原因

公共文化服务体系建设是我国目前的重要发展战略，可以说，社会主义文化大繁荣大发展所要求的公共文化服务设施投资已经具备了政策和融资的条件。现阶段我国公共文化服务设施供给存在的问题如下。

1. 文化的大众化需求与精英化供给的冲突

在我国古代，人们的社会生产生活方式与农业息息相关，文化和艺术是少数士大夫阶层的消费品。我国传统文化的主体部分是一种"精英文化"，精英文化长期以来影响着我国封建社会的文化进程，并在我国文化中处于主导地位。

20世纪80年代，大众文化开始在我国出现，大众文化产生于现代工业社会中，并与市场经济发展相适应，是我国社会文化系统中一个较为独立的文化形态。大众文化改变了我国文化的传统格局，以通俗的形式将文化重新带回给普通公众，大众文化是市场经济的重要文化基础，一方面影响着我国人民的日常生活甚至人格的塑造，另一方面它所宣扬的商业理念和精神是市场经济发展的重要文化因素和文化条件，而大众文化的运行也和市场机制和商业规律相吻合，促进了我国民众的市场观念的发展，将我国民众从传统的思维模式中解放出来。因此，可以说大众文化的崛起为我国市场经济的运行和发展，提供了有力的人文条件和精神支撑。公民的文化选择具有自主权，而市场经济的运行关注的是独立个体的自主选择行为，其二者之间无论是从思想内涵还是发展形势上，都可以达到互相促进、共同发展的效果。市场的观念影响着文化资源的配置行为，从而影响了文化创造及传播主体的行为。

大众文化是一种精神创造意义上的需求，并不意味着大众"拥有"了文化，而是指在市场经济体制下，大众在一种统一的模式中，产生了集体休闲娱乐的方式。但是，计划经济时期我国公共文化供给的遗留问题依然存在，目前我国的公共文化供给仍然是自上而下的垂直供给，公共文化服务的供给机制并没有与市场经济挂钩，而是少数文化精英——艺术家、学者及文化管理部门制定和供给的一种"精英文化"，而这并不是现阶段我国人民群众集体的文化消费取向，这就造成了新时期我国大众文化需求和精英文化供给之间的矛盾。因此，在新时期，大众文化的产生也对政府的文化职能有着一定的影响，政府不再负责直接生产和供给文化，而是需要关注社会公众的文化消费特征，并在合适的时机对消费趋势进行适当的引导，从而对大众文化的供给方式上作出积极而必要的干预，重点关注如何形成一种"大众文化生产模式"，如何将人民大众在"文化"供给中的主动性和创造性发挥到最大。

2. 公共文化服务设施空间配置的结构性失衡

我国社会的发展存在着不均衡的问题，特别是地域之间的不协调和城乡之间的不平衡使社会资源配置的不均衡显得较为突出，因此公共文化资源在空间的配置上也会存在着"结构性失衡"的问题。

3. 文化供给脱离公共文化愿景

实际上，目前我国公共文化服务设施的政府投资规模不可谓不大，但是公共文化服务设施实际运行的效果却并不明显。例如，个别城市的博物馆建设得十分宏伟壮观，但是其内部的文物却较少，博物馆失去了其文化保护和文化传播的作用，无法吸引当地居民和外地游客进行参观，这样的博物馆其本身的规模和当地的文化氛围、文化积淀、教育水准、消费能力甚至人口数量都是不协调的，这样势必会造成即使耗费了大量的人力物力修建了公共文化服务设施，但是在运行效果上却收效甚微。这一现象体现了部分文化单位在进行公共文化服务设施修建时，对于当地的具体情况调查得不够充分，对数据的分析也不够科学。

公共文化服务设施不是一项政绩工程，不是一个普通的基础设施，其承担着地方文化弘扬和传播的重任，根本目的在于满足人民群众的文化需要，归根结底必须服务于当地人民群众公共文化愿景。这就要求公共文化设施的建设和运营必须有一个科学的论证过程，包括以下几个层面。

第一个层面是要对当地群众的公共文化愿景进行科学的调查研究。公共文化服务设施是面向公众需求生产创造的，因此要建立在群众的公共文化愿景之上，基础调查是建设的基石，偏离公众实际需求的建设项目是没有实施意义的。在公共文化项目进行前不仅要做到广泛的调查，还要对数据进行整理和科学分析，从而针对项目实施得出一定的方向或结论，通过数字客观真实地反映群众的需求现状，指导公共文化服务设施的建设。文化产业的建设离不开对基础数据的了解，如当地社会的消费水平、文化层次、供求关系、人口组成和文化发展趋势都是公共文化服务设施建设者需要充分了解的问题，这些关于群众公共文化愿景的基础调查做过之后，社会的文化意识才会清楚呈现。

第二个层面是要合理运用和充分采纳专家的意见，专业建议要渗透公共文化愿景和资源分配的决策过程。公共文化愿景的形成、公共文化服务设施的建设和运营涉及许多专业的层面和领域，因此建设者要将专业学者加入决策和设计队伍中，要在建设的各个阶段充分采纳和了解专业意见和专业知识。公共文化服务建设会涉及历史建筑的保存、创作者的培育与奖励、文化产业的发展、城市的规划、艺术教育的落实、表演团体的扶植、文艺补助机制的建立等，只有充分考虑专家意见才能避免盲目开发，建设者和专家共同进行充分的研讨和科学的分析，群策群力，将期望目标建立在专业的知识之上，才能将本区域的优势发挥到最大。

第三个层面是公共文化愿景的形成、公共文化服务设施的建设和运营必须有人民大众的社会和政治参与。文化是大众的文化，不是少数精英的文化，只有人民大众的参与，才可以凝聚意识，才可以产生文化认同，才可以改变以往精英文化供给的情况，实现大众文化供给和需求的对接，才能最终使人民大众的公共文化愿景落实在公共文化服务设施这个物质载体上。一旦人民群众的公共文化愿景在公共文化服务设施上得以实现，便会释放出巨大的能量。

4. 地方政府面临巨大的偿债压力

我国长期以来在公共文化供给上存在文化事业支出占科技、教育、文化、卫生事业支出比重偏低和文化事业支出占我国财政支出比例偏低的情况。这种情况的出现具有现实原因：计划经济时期和转型时期的公共文化供给主要还是由中央财政和地方政府财政供应。在计划经济时期，中央财政和地方政府的财政收入的增长效应并不明显，而且这一时期，中央财政拨款和地方财政收入是地方政府建设公共文化服务的全部资金来源，所以公共文化服务设施的资金来源渠道非常有限。在转型时期，虽然国家政策一再鼓励社会资本进入公共文化服务领域并取得了一定的成绩，但是这一时期的公共文化服务供给出现了两个极端：一方面，完全由政府供应的政府文化系统成为少数人的"精英文化"并被束之高阁；另一方面，非政府组织得不到优惠政策，由社会资本运行的公共文化服务完全被社会资本的"商业性"侵蚀，与"公共文化服务的属性"完全脱离。

从资金来源上看，从 20 世纪 90 年代开始，地方政府供给公共文化服务设施与计划经济时期没有太大改变，唯一改变的是文化主管单位退出了公共文化服务供给的决策系统，而由刚成立的地方融资平台替代。这是一个进步，地方融资平台可以地方政府的信用为担保从商业银行贷款，并用于公共基础设施的建设。地方政府的资金来源只有财政，而且我国地方政府财政不允许列支赤字，也不允许发行债券，因此地方政府或建设部门为了解决投资所需的资金问题，就需要设立融资平台类企业来代替政府部门履行融资职能。融资平台类企业一般将政府的部分资产或资源作为注资，并通过银行融资进行后续的经营，还款主要来源于财政的统筹安排。这种运营方式使政府投资项目主要依赖于银行信贷资金。可以说，目前地方融资平台已经成为公共基础设施供给资金的主要来源。

然而，这种融资平台模式容易受到社会经济发展和运行的影响，在金融危机的影响下，不少企业效益下降，财政税收也就会同步下降。另外，由于税收减免政策的大力实行，我国的财政收入也较难出现大幅增长的现象。政府融资平台的发展依赖于财政收入的快速增长、财政实力的加强。从我国的经济发展和财政收入增长趋势上来看，特别是 2008 年以来，我国的财政收入涨幅有所下降，而且财政收入增长的源头在于全国房地产的发展形势较好和土地出让金收入的大幅增长，但是土地资源属于有限资源，不可能无限开发利用，而房地产行业也很难维持长期稳定性，因此财政收入也很难保证长期稳定的增长趋势。

由于全国财政收入逐渐减少，中央和部分地方政府偿债压力就会变大，这主要包含以下几个原因。

①由于我国实行分税制体制，而收入占比较高的税种主要为中央税或中央分成比例较高的税种，因此中央财政在税收分配中地位较高，税收占比较大，地方政府相对来说税收分配地位较低，财力薄弱，税收呈现随政府层级依次递减的现象。

②地方财政承担着许多刚性基本支出，如行政事业机构和人员经费支出、社会保障、义务教育、基础科研等方面的财政支出，都加大了地方财政支出的负担。

③地方政府为了使当地的国内生产总值（GDP）指标增长，而大量的投建项目，设立融资平台进行融资，致使当地的负债与日俱增。据统计，我国地方政府负债呈现出了随政府的层级降低而增大的局面，个别地方政府甚至存在过度举债的现象，造成了很大的偿债压力。

④我国经济发展存在较大的地区差异，社会发展的不平衡造成了地方政府财政情况的不平衡。例如，华东、华南地区政府财力较强，西南、西北相对较弱；省市级政府财力相对较强而县级财力普遍较弱。

虽然目前我国地方债逐渐破冰，中央政府采取代发 2000 亿元地方政府债券并将其用于公共基础设施的建设的方式帮助缓解地方财政压力，但是较公共基础设施融资的总数来说，地方政府发行债券所占的比例还是较小。因此，如果我国的公共文化服务设施仍然完全由政府承担，那么政府的负债压力会进一步增大，反而会抑制公共文化服务的发展。因此，必须找到新的资金来源，减轻政府供给公共文化服务设施的压力。

二、现代公共文化服务设施融资

（一）我国公共文化服务设施融资现行的融资渠道

在计划经济时期，我国的公共文化服务设施全部是由政府财政供应，到了转型时期，尽管我国政府鼓励社会资本进入公共文化服务设施领域，并进行了一些有益的探索，尤其是学习国外的公私合作模式。实践表明，传统的公私合作模式在传统的市政设施的建设和运营中可以得到良好的运用，但是在公共文化服务设施领域却收效甚微。我国贾康教授认为，"公共文化服务设施必须由政府或政府代表供给，以防止国有资本的流失"。[①] 在转型时期，原则上地方政府建设公共文化服务设施的方式很多，包括财政收入、银行贷款、主权外债融资、项目融资及土地批租等，但是由于目前我国地方政府和中央政府的财政关系还处于过渡式分权阶段，我国地方政府还没有直接的融资权，在这种财权和事权分离的情况下，现阶段我国地方政府建设公共文化服务设施的资金来源还是财政收入和银行贷款，其中财政收入是地方政府直接通过财政拨款拨付，而银行贷款则是以地方政府的信用和财政收入做担保，由地方融资平台向国家开发银行或商业银行举债。同时，近几年社会资本也开始进入公共文化服务设施领域，所以总的来说，目前我国公共文化服务设施融资的主要渠道包括三个，即地方财政收入拨款、银行贷款及社会资本。

地方财政收入拨款，属于公共文化服务设施的股权融资，而通过地方融资平台的银行贷款属于间接性的债务融资，吸收社会资本也属于股权融资的一种形式。因为一直以来，地方财政收入拨款都是公共文化服务设施融资的一种主要形式，所以本书不再讨论地方财政收入拨款这种融资方式，只对银行贷款和社会资本进行讨论。这两种融资方式的区别在于：银行贷款没有双方协商的余地，当公共文化服务设施运营出现资金风险无法按期还款时，在没有债转股的情况下，银行贷款有可能使公共文化服务设施遭遇低效率的资金清算，从而使银行贷款的资金成本增加；吸收社会资本则不一样，社会资本是作为股本融资的（相当于内部融资），当公共文化服务设施遭遇财务风险时，不会遭遇资金清算，社会资本可以和政府通过"再协商"解决财务风险，在一定程度上可以降低融资成本。由于公共文化服务设施的盈利性相对较差，因此社会资本投资公共文化服务设施建设的占比有限，同时，社会资本投资公共文化服务设施也是有一定门槛的，社会资

---

① 廖青虎，陈通，孙钰，等. 公共文化服务设施的最优投资管理模式选择 [J]. 北京理工大学学报（社会科学版），2016（1）：96-102.

本必须具有文化的属性，如杭州大剧院吸收小百花越剧团的投资。

（二）现代公共文化服务设施融资的难点

公共文化服务设施项目在建设运营中存在许多悖论性特征，这是由于其决策受政策影响，投资由政府主导，在功能上需要有一定的文化取向并且属于公共设施。总的来说，公共文化服务设施是以文化服务和文化传播为目的的建筑和配套设施，在使用上具有公共产品属性。

1. 投入清晰与产出模糊

公共文化服务设施作为实体工程，其投入由技术设计所决定，比较清晰可见。但其产出（文化影响）既难以度量，又绵长持久，难以准确地预测未来，同时易受其他因素的影响而发生变化，从而得出项目投入清晰与产出模糊的悖论。

2. 供给需求错位

公共文化服务设施项目建设指向的是提供公共产品及公共服务，而文化产出的不确定性导致政府财政支出有效评估困难，因此公共文化服务设施项目建设更容易受到政策的影响而非由需求评估决定。另外，部分公共文化服务设施项目是地方政府为了达到一定的政绩和上级要求而进行建设的，这也就导致了公共文化服务设施建设的供给需求错位。

3. 跨期投资巨大和多阶段融资

一般建设项目具有先期投入、后期自我运行的特点，但是公共文化服务设施项目有着提供给公共使用的属性，因此无法通过自身的能力完成后期的自我运行并产生收益，需要不断进行配套设施的投入。投资者的投入不仅要覆盖项目建设，还要保证运营所需费用，因此公共文化设施也具有多阶段融资的特点。

4. 逆向折旧

一般的建设项目建成后，随时间推移，不断耗费其价值，被称为折旧。卓越的文化工程则具有逆向折旧的特点，其在使用中，实体性功能虽然可能弱化，但文化价值不断提升，表现为资产价值不减反增。

5. 公平服务与差异性受益

公共文化服务项目有着一定的文化取向，但是公众对于文化取向也会有着不同的理解，这种理解和接受程度受到多种因素的影响，包括个人偏好、能力、认知等因素，因此会造成文化影响在人群间实际上的差异，形成服务上的公平而实际受益上的不平等格局。

（三）投融资互动内生的公共文化服务设施动态边际融资模型

解决公共文化服务设施融资难的问题可以从以下三个方面着手：一是找到估算公共文化服务设施价值的方法；二是合理安排其资金来源，建立多方成本分担机制；三是将公共文化服务设施的投资决策和融资决策结合起来分析。

目前，我国公共文化服务设施的资金来源主要有三个途径，即地方财政收入拨款、银行贷款及社会资本。具体到本书的"一臂之距"下的"政府主导＋社会资本"模式，资金来源也是三个。那么，接下来我们只需从其余的两方面进行分析。

1. 使用实物期权方法估算公共文化服务设施的价值

要解决公共文化服务设施的融资问题，第一步必须实现对公共文化服务设施价值进行恰当合理的评估，尤其是评估公共文化服务设施"逆折旧"的价值。只有公共文化服务设施的价值明朗化，才能实现公共文化服务设施投资的透明化，从而排除资本（尤其是民营资本）进入的后顾之忧。公共文化服务设施的估算是一个难点，其未来产出的"模糊性""不确定性""价值逆增长"的特性，使成本效益法、折现现金流量法等传统的资产评估方法没有用武之地。因此，我们需要探索一种新的价值评估方法。从公共文化服务设施的本质来看，公共文化服务设施其实就是一个欧式看涨期权，"投资者在期初投入资本，期望在未来相当长的一段时间内，得到回报"。因此，本书提出使用实物期权价值评估的方法，评估公共文化服务设施的价值，在价值估算的基础上选择最优的融资机制。

第一，公共文化服务设施具有"逆折旧"、投入期长、收益高度不确定性等实物期权特征。首先，公共文化服务设施的"逆折旧"是指文化的价值会伴随着时间的增长而不断增值；其次，公共文化服务设施的建设需要很长的投入周期，大部分项目的投入资金都较大；最后，公共文化服务设施收益具有不确定性，这一特点与期权的不确定性是一致的，因此要使用实物期权方法评估公共文化服务设施的价值。

第二，公共文化服务设施投资具有高度不确定性和阶段性。这种灵活性会给投资者造成一定的风险，从而降低投资者的投资意愿。但是，实物期权同样具有高度的灵活性，我们可以将公共文化服务设施投资视为一种实物期权，投资者通过一定的成本"购买"这一期权，并可以在不利条件下放弃期权，这样期权所有者可以通过判断有利或不利条件来规避风险，提前锁定损失，从而保证可以消除项目价值减少带来的风险。从这个角度来看，这种决策上的灵活性十分适用于公共文化服务设施的投资，实物期权更适合体现公共文化服务设施投资的潜在利润，并对公共文化服务设施的具体价值进行合理的评估，甚至提高了公共文化服务设施投资项目的价值。根据期权的特质，投资者可以将一定的成本作为代价，从而拥有权利而不负有相应的义务，这种特点可以降低公共文化服务设施投资高度不确定性和阶段性特征所带来的投资风险。

第三，公共文化服务设施的投资决策具有动态序列性的特点。公共文化服务设施的项目周期普遍较长，并且与一般项目不同，公共文化服务设施项目在前期投资完成后无法实现以自身能力进行运营并盈利，需要不断地配套投入，才能保证项目的完成和运营，因此其融资也有明显的阶段性特点，前一阶段的建设和发展情况决定了后一阶段的发展方向，这也就导致了公共文化服务设施投资决策的动态序列性。因此，公共文化服务设施与期权一样有着较多的选择，如延迟期权、放弃期权、扩张期权等。公共文化服务设施的发展受到许多无形资产的影响，这些无形资产未来的开发、使用及推广过程造成了公共文化服务设施的动态决策性和阶段性特征，并且与期权的属性相吻合。对公共文化服务设施项目使用实物期权法进行评估，做到了仅依靠公共文化服务设施项目的自身特点就可以完成对其价值的合理评估，避免了传统抵押贷款对抵押物的要求，解决了公共文化服务设施项目无法具体评估实际价值的问题，有利于公共文化服务设施项目的开展和对投资的吸引力。

综合以上三点，我们可以看出，公共文化服务设施的价值评估与实物期权具有高度的契合性。

2. 融资模型建构理论基础

结合公共文化服务设施的特点，公共文化服务设施的产出一是容易受到外界因素的影响，二是投资建设和运行周期较长，无法准确预测未来发展状况。对于一般的项目投资，至少其投资期限、运营投产期限可以预测，但是公共文化服务设施的投资期、运营期、产出形式等都难以预测，而且投融资容易受到公共文化产出模糊的影响。可以说，公共文化服务设施的投资、融资及公共文化产出之间就如同一个联动的轴承，一个因素变化，其他因素都会变化。

三、融资手段是促进现代公共文化服务设施供给发展的途径

（一）基本途径

1. 政府投资

政府投资是保障公共文化服务设施建设的基石。政府应增加财政预算在文化

设施的投入，通过直接投资或补贴的方式，保障基础文化设施建设的完善。政府可以通过发行文化产业债券、设立文化产业发展基金等方式，聚集资本用于文化设施的建设和更新。此外，政府可设立专项资金，对文化设施的运营和维护提供持续性的财政支持。

2. 社会资本

社会资本的引入是推动公共文化服务设施供给发展的有效途径。通过 PPP、产权多元化、特许经营权等方式，可以吸引私人投资者和企业共同参与文化设施的建设与运营。这种模式不仅能分担政府财政压力，还能提高项目的运营效率和服务质量。在这一过程中，确保合理的回报机制和风险分担是关键，以吸引并保持社会资本的兴趣和投入。

3. 创新金融工具

创新金融工具的运用也是促进公共文化服务设施供给的有效手段。例如，通过文化产业基金、房地产投资信托（REITs）、文化资产证券化等方式，可以将文化设施的资产收益权、使用权等进行金融化操作，吸引更多的投资者。此外，运用众筹平台等新型互联网金融手段，鼓励社会公众直接参与文化项目的投资和支持，不仅能拓宽融资渠道，还增加了公众对文化设施的认同感和参与度。

4. 国际合作与融资

国际合作与融资也是不容忽视的途径。通过与国际文化基金组织、发展银行和外国文化机构的合作，可以引进外资参与国内文化设施的建设与发展。同时，通过国际文化交流项目，可以吸引国际资助和贷款，为公共文化服务设施的发展提供资金支持。

5. 完善机制

确保融资活动的良性运行，必须建立健全法律法规和监管机制。加强财政资金的管理和监督，确保资金的透明和高效使用。同时，完善相应的风险评估和风险管理体系，对社会资本投入的文化项目进行合理的风险控制，保护投资者及参与方的合法权益。

（二）改进途径

针对投入清晰而产出模糊的问题，建议优化公共文化服务设施的评估体系，将定性评价与定量评价相结合。可以通过建立包括社会效益、经济效益等多维度的评价指标体系，并运用绩效管理理念和方法，对公共文化设施的运营效果进行监测和评价。同时，鼓励采用社会资本合作模式，借助私营部门在成本控制和项目管理上的优势，提高公共文化项目的运营效率。

应对供给与需求错位的问题，需要加强市场研究，通过精准定位用户需求，来指导文化设施的建设与改造。通过引入大数据分析，对用户的文化消费习惯和需求变化进行实时监测，以数据驱动供给侧结构性改革，实现供给与需求的动态平衡。

对于跨期投资巨大且需多阶段融资的挑战，建议采用项目融资的方式，通过特殊目的载体来实现资金的长期稳定筹集。同时，可以探索建立文化产业投资基金，通过政府和社会资本的合作，为文化项目提供稳定的资金支持，并通过金融创新降低融资成本。

针对资产逆向折旧的问题，建议政府部门采取激励措施，如税收优惠、财政补贴等，以弥补公共文化资产长期运营过程中的价值升高与成本回收之间的矛盾。同时，通过制定合理的退出机制，合理配置存量资产，提高公共文化资产的使用效率。

对于差异性收益的问题，建议采用差异化的定价策略，根据服务对象的支付能力和服务需求进行价格层次划分，确保基本文化服务的普惠性，同时对于高端或特色服务，实行市场调节价，以满足不同层次的文化需求。

第四章 现代公共文化服务创新

本章主要从以下两个方面展开分析：现代公共文化服务方式创新、现代公共文化服务技术创新。

第一节 现代公共文化服务方式创新

一、现代公共文化服务机构免费开放

继杭州图书馆试点免费开放和全国博物馆实施免费开放，再到 2011 年 1 月，国家文化部与财政部共同发布了《关于推进全国美术馆、公共图书馆、文化馆（站）免费开放工作的意见》，在这一文件的指导下全国各级美术馆、公共图书馆、文化馆（站）全方位、快速推进免费开放，这一系列重大举措和指导意见大力推动了我国的公共文化服务体系建设、发展和创新。我国用了短短五年的时间，使得免费开放由全球理念转变为中国实践，开启了基本公共文化服务均等普惠的"免费时代"。这一发展历程引起了令人瞩目的社会反响与文化效应，受到国内外各方的积极评价，成为当前中国文化领域最受关注的一个话题。随着这一发展趋势，我国在公共文化服务体系转型过程中存在的一些问题也逐渐暴露出来。因此，如何推动免费开放政策在我国科学、全面地发展，使这一政策更适合我国国情和社会现状，是需要重点关注的问题。

（一）免费开放的全球实践与中国诉求

免费开放是一项全球范围内的政策理念，但是由于各国的文化水平差异和公共文化制度的不同，公共文化服务机构免费开放的理念、认知和实践方式也就不同，存在着多样性的特点。

1. 免费开放的全球实践

（1）基于"政府主导"公共文化服务模式的免费开放

1996 年，法国确立了包括卢浮宫在内的国立博物馆，在每月第一个周日免

费开放，在国庆日、文化遗产日、博物馆日等特殊节庆日也均免费开放的政策决定，特别是在萨科齐执政法国期间，还专门面向 18 岁以下的青少年实行免费开放，由此可见法国对于文化机构的培育、教化作用十分重视。文化机构免费开放具有深远的社会影响和教育意义，因此政府在这一模式的实行中有着不可推卸的责任。政府应本着传承民族传统文化，提升公民文化素养的原则，为全体公民免费提供基本文化产品与服务，这也是服务型政府的必然内涵。政府应积极承担提供公共文化服务机构免费开放所需的资金，努力实现基本公共文化服务的均等享有。

（2）基于"民间主导"公共文化服务模式的免费开放

美国的文化机构免费开放所需资金大多数依靠基金和慈善家的捐助，美国政府扮演的是一种"便利提供者"的角色，如美国博物馆资金来源的 40% 以上是由企业和个人捐赠的。此外，出于人性化服务的需求，美国博物馆、公共图书馆等公共文化服务机构不仅提供免费开放服务，还增加了免费复印、免费文献传递、免费饮水等人性化服务，是对于免费开放理念的进一步延伸。免费开放理念是公共文化服务机构保障公民文化权利的重要体现，彰显公共文化服务机构的社会担当和精英文化立场，因此非政府组织与非营利机构，作为社会资本支持公共文化服务的实施主体，会更加注重通过共享普惠的非营利服务来体现公民权利公共需求的平等实现和基本公共文化产品的"非营利性"。

（3）基于"政府与社会双轨并行"公共文化服务模式的免费开放

欧洲的文化制度受到凯恩斯主义和福利社会制度的影响，保持着"政府与社会双轨并行"的公共文化服务模式，如英国博物馆的免费开放每年间接为英国带来约 10 亿英镑（约合 91 亿元人民币）的旅游收入，这一政策既是对英国文化的传播，又保障了公民的文化权益，体现出鲜明的"文化福利"色彩。政府部门在这一过程中主要负责宏观调控和提供有限的资金支持，主要由公益性机构提供免费开放所需的资金并自主运营。

2. 免费开放的中国诉求

根据免费开放的全球实践表现我们可以看出，在公共文化政策与服务体系的建设中政府发挥作用存在着三种基本模式：建筑师模式（以法国文化政策为代表）、便利提供者模式（以美国文化政策为代表）、赞助者模式（以英国文化政策为代表）。但是，我国的博物馆、美术馆、图书馆、文化馆（站）等公共文化服务机构是由政府兴办的并组成了我国的国家公共服务体系，这些公共文化服务机构完全由各级政府进行投资与管理，是我国公共服务体系中的重要一环，实施上下贯通的管控体制。基于这一现状，全球范围内现存的三种基本管理模式，并不完全适用于我国的公共文化服务机构免费开放管理。一是我国需要在吸收全球公共文化理念与模式惯例和经验的基础上进行一定的改革和变化，从而制定适合我国现实国情和国家公共文化服务体系发展现状的文化政策；二是我国政府需要根据现代社会的发展现状和公民基本文化权益的现实需要，实现我国国家公共文化服务体系建设的创新与转型，通过免费开放为中国公共文化服务体系建设注入新的时代内涵，而非照搬传统计划经济时代的文化服务体系建设模式。免费开放是文化建设的需求，在我国公共文化服务体系建设中有着重要的地位。

（1）免费开放是建设文化强国的时代需求

时代的变迁使得经济全球化发展趋势越来越明显，国家的综合实力决定着一个国家的国际地位，想要成为世界强国就必须实现科技、经济、文化、教育等的全面发展。我国已经是世界第二大经济体，在国际上有着极大的影响力，但是我国的文化软实力发展却稍显落后，我国在文化的创新能力、文化的国际传播能力、文化的竞争力和文化的影响力方面都存在着一些不足，这些问题制约了我国国际地位的提升和国际形象的塑造，因此我国确定了"建设社会主义文化强国"的战略目标，大力发展文化，提升我国的文化软实力。公共文化服务机构的免费开放既是社会公民的基本文化需求，也是公共文化服务公益性、基本性、均等性、便利性的体现，更是建设文化强国的有力保障。免费开放有利于提升公民的文化素养，提升文化的传播能力，实现文化的教化作用，对于增强国家文化软实力和塑造正面健康的国家形象具有深远的意义。

（2）免费开放是构建社会主义和谐社会的社会需求

公共文化服务机构的免费开放，可以吸引更多的民众阅读、了解、学习文化知识，提升公民的文化素养，提升社会整体的文化水平，从而引导人们进行文明健康的娱乐活动和知识教育，建立社会主义和谐社会。文化有着极强的社会教化作用，可以引导人们共同建立良好的社会风气和价值观，通过对传统文化的学习还可以增强民众的文化自信，加强社会的凝聚力，促进社会团结向上发展，抑制和克服负面的社会心态，化解社会矛盾。免费开放还符合我国的社会主义核心价值观，有利于提升公众的道德水平，塑造正确的意识形态，使社会形成稳定和谐的发展局面。

（3）免费开放是营造健康文化生态的文化需求

随着经济全球化与社会转型进程的不断深入，全球范围内的文化交流日益频繁，当今社会人们接触到的思想文化观念也越来越丰富，其中既有有益于人们身心发展的主流文化，也有不利于建设和谐社会环境的低俗文化。在现如今各种文化博弈的局面下，大力推进公共文化服务机构的免费开放，可以加强主流文化的引导作用，矫正文化碰撞过程中的文化失衡现象，加强社会公众对于传统文化的了解，建立文化自信，抵御不健康文化思想的入侵，加快营造健康的文化生态环境。

博物馆、美术馆、图书馆、文化馆（站）等公共文化服务机构的免费开放，是我国公共文化服务体系建设的重要一环，也是国家文化发展和传承的重要手段；是一项重要的举措，也是具有划时代意义的重大文化政策。它不仅仅是免除一张门票那么简单，而是有着更深远的影响和深刻的内涵，对于建设社会主义文化强国有着重要的作用，也展示了我国建立健全公共文化服务体系的决心和信心，推进了我国和谐社会建设进程，也标志着国家公共文化服务体系进入了全新的时期。

（二）免费开放面临的问题与挑战

我国地域广阔，人口数量庞大，免费开放政策在全国范围内的实施有着不小的挑战性和复杂性，基于我国公共文化服务机构数量巨大、覆盖范围广，以及公共文化服务内容、水平和质量存在着明显的区域差异的特点，我国的免费开放势必要面临很多的问题。

1. 基础设施条件薄弱

由于我国地区之间发展不均衡，经济水平的差异较大，造成了县乡公共文化服务设施建设较为薄弱的局面，存在着基层公共文化服务机构不充裕及布局不合理、配套设施不完善的问题。虽然中央已经加大投资，大力建设县级图书馆、文化馆和乡镇综合文化站，提高了公共文化服务设施的水平，但是县乡两级的文化机构仍然存在着条件落后、设施陈旧、功能不全、环境较差，基本服务项目与活动难以正常开展的问题，在部分偏远地区这些问题尤为突出。特别是在免费开放政策实行之后，参观人数的增多，给原本就不完善的软、硬件设施增加了更多的负担。

2. 内容供需矛盾突出

供求矛盾是公共文化服务机构普遍存在的突出问题，这一问题不仅存在于发展缓慢地区，还存在于经济较为发达的地区，是全国范围内的公共文化服务机构都在面临着的问题。服务需求与内容供给能力之间的矛盾主要表现在提供的文化服务内容的不充足和供需错位两方面。例如，文化馆的活动内容无法跟上时代的步伐，缺乏时代性，难以吸引当代社会公众参加，无法满足日益丰富的文化需求；图书馆的设备老旧，无法满足人们的使用需要，图书资料过于陈旧、更新换代慢等问题。

3. 管理难度与运行成本加大

免费开放的实行给公共文化服务机构的管理工作也带来了不小的挑战。免费开放吸引了更多的人前来参观，因此场馆内服务、指引、疏导的工作量就会加大，包括保安、保洁等在内的人力成本也会升高，而水费、电费等基础支出也会加大，内部的运行管理机制也要进行相应的调整。这一系列的变化都要求公共文化服务机构要在服务理念、服务能力、专业素质、运行效率等方面及时有效地进行适应性的改变并进一步提高运行效率，保证场馆的服务质量。

4. 保障政策与措施不足

随着各项保障政策的出台，中央和各级政府始终重视公共文化服务机构的免费开放事宜，大力推进免费开放的实行，并最大限度地保障公共文化服务机构的服务质量不受免费开放的影响，但是我国公共文化服务产业经费投入不足是长期存在的问题，虽然公共文化经费投入总量已经在逐年上升，但是其在国家财政总支出中所占比例，始终远远低于其他国家的公共服务行业支出在财政支出中的所占比例。这就导致了虽然经费划拨已经逐层到位，但是具体执行时依然存在着额度不等的资金缺口，很难做到标准化的免费开放。此外，由于各文化机构原本的设施水平、服务内容、能力的不足，造成了免费开放阶段，即使加大了资金投入，但仍存在组织保障、人员保障工作不完善的问题，因此期望目标和现实状况之间存在一定的差距。中央财政的公共文化经费大部分用于重大文化工程与专项资金，在资金的持续投入上不足，更关注硬件设施的建设，而忽略了公共文化服务机构的配套软件设施，因此公共文化服务机构业务经费还是存在一定的缺口，公共文化服务机构的资金需求与政府保障资金难以一步到位之间的矛盾，使得公共文化服务机构的免费开放难以达到期望的效果，有力的经费保障机制尚在磨合期。我国公共文化服务机构免费开放的第一阶段，得到了中央财政的大力支持，资金困难得到了初步缓解，但是要想可持续发展免费开放，达到预期目标，实现文化强国的建设理念，就需要在现有中央与地方分权承担的基础上，进一步健全与完善免费开放的经费保障机制。

（三）未来推动免费开放科学发展的若干思考

针对免费开放现阶段的问题，站在可持续发展的角度，大力推进公共文化服务机构免费开放政策，需要科学把握好当下轰动效应与可持续长久效应的关系。首先，公共文化服务机构要不断丰富自身的内容，深化文化内涵，加大文化影响力，以新颖多元的服务手段吸引更多的人前来参观、了解，满足社会公众日益增长的文化多样性需求；其次，应完善保障机制，加大组织保障、人员保障力度，从各方面提升保障水平从而适应免费开放后客流量增加的现状，提升服务质量，实现标准化的免费开放，有效延续免费开放的热度，不断提升公共文化服务机构自身的吸引力；再次，要加快公共文化服务机构内部体制机制改革，使自身内部体制机制适应当前免费开放的新局面，提升公共文化服务能力、管理水平与运行能力；最后，要加大对公共文化服务机构的投入，解决当前设施不完善、软件配套不充足的种种问题。免费开放并非一朝一夕的政策，需要各级政府的支持和公共文化服务机构自身不断地深化改革和提升。我们应从积极、长远的角度看待免费开放的问题，一是应肯定现阶段的成果，二是要积极面对当下的挑战和问题，进一步提高公共文化服务的吸引力、竞争力和生命力，实现可持续发展。

1. 增强免费开放的吸引力

免费开放可以鼓励更多的人学习和了解文化知识，接受文化的熏陶，但是单纯的免费开放无法做到长久有效地增加人们对公共文化服务机构的关注度。在物质生活逐渐丰富的今天，一张门票并不能影响人们是否参观公共文化机构，因此免费开放要伴随许多其他提升文化吸引力的措施，才能有效提升公共文化服务的影响力。免费开放的宗旨是通过免费开放的政策和优质、高效、便捷的服务及丰富的文化内容，满足社会公众的文化需求。公共文化服务机构应充分明确当前价值转型的重要意义，要拓展文化服务功能，深化文化定位，从获得政府认可的政绩价值起点向社会认可的"满意度"价值取向转变。免费开放不是简单地自上而下的文化权利赋予，而是从公共文化服务本身价值出发，提升公共文化服务影响力，推进文化强国建设。

（1）引领时代、关注时下、聚焦时尚

公共文化服务机构作为公共文化服务的传播媒介要不断提升自身的影响力，从僵化的传统思维模式中跳脱出来，明确自身在提升社会公众文化素养方面的重要责任和地位。公共文化服务机构不仅仅要保证自身的传统价值，完成对文化的保护与传播，更要跟进时代步伐，积极探索新的文化传播道路，了解当下的发展需求。公共文化服务要紧跟时代，在当今时代政治、经济、社会、文化各方面组成的大背景之下，确立自己的发展方向。免费开放的内涵也是时代精神的体现，是当今时代最富普遍意义的价值取向、精神气质、心理状态和情感状态的综合。免费开放要求公共文化服务机构不仅要完成政策形式上的免费开放，还要从时下人们普遍熟悉与正在发生的某些现象、动态、问题入手，满足百姓最迫切、最期待的文化需求。公共文化服务机构紧跟时代前沿文化需求，抓住新锐的文化潮流与时尚，可以进一步打造自身的文化亮点，提升文化吸引力，从而赋予免费开放与时俱进的文化活力。

（2）注重物理空间、知识空间、文化空间的拓展与深化

免费开放并非形式上的开放，还要以此为契机打造符合社会公众当下需求的精神家园，构造一个具有文化生态意义的文化空间、精神家园。首先，公共文化服务机构要进一步改造物质空间，以高质量的服务、完善的设施设备、优美的环境提升人们的体验感，实现人性化的服务。其次，要拓展机构内部的知识储备，确保能提供给社会公众充足的资料，满足大家的学习和借阅需求。作为文化传播媒介公共文化服务机构应提升自身的知识空间吸引力，当前人们的知识获取渠道更加丰富，因此公共文化服务机构更要加强自身知识平台的建设，深化和拓展自身定位和功能，营造一个可以充分满足人们获取知识，在群体中交流学习的知识平台。最后，公共文化服务机构要关注加强对人们心理层面的影响，要打造有感染力的文化空间，加强社会公众对本地区和我国传统文化的归属感、认同感，从而发挥文化的积极引导作用，滋养民心、塑造灵魂，使公众产生受尊重感和幸福感。

2. 提升免费开放的竞争力

免费开放的第一步是实现公共文化服务机构的零门槛进入，这也是免费开放所提供的基本服务，但是如何让公众愿意来、喜欢来并且常来，是公共文化服务机构需要深入思考的问题。当今社会文化更加地多元、丰富，社会公众可以通过各种各样的方式接触到新潮的思想和文化，人们的文化娱乐方式也更加丰富，公共文化机构有着以正向积极的文化内容引导公众建立正确价值观的责任，因此需要提升自身的竞争力，吸引公众学习有益文化。

（1）提升免费开放的品牌化水平

①按照有主题、成系列、树品牌的思路创新服务内容。增强文化竞争力要求公共文化服务机构要对文化内容和活动形式进行不断地创新。创新方式主要有两种：一是，在现有的内容和形式基础上，进行适应性的调整，符合现代人的文化

审美和文化需求，对文化内容进行整合和改革，盘活已有的文化资源；二是，吸纳新的文化内容，紧跟时代增加新的内容和形式，不断设计新的服务项目，如展品、文献、活动等。内容创新实际上是对服务资源构成方式的调整与优化，要根据服务对象的需求，在保证文化内容质量的前提下，增强内容的特色性和吸引力，从而提升竞争力，打造独具特色的文化品牌。

②按照人性化、对象化、主体化的方式创新服务。公共文化服务机构面向全社会提供公共文化服务，因此要坚持贯彻"以人为本"的理念，贴近群众的实际需求，增强文化的普适性和大众化，避免产生曲高和寡的现象，让人们对文化的学习望而却步，公共文化服务机构要有针对性地创新服务理念，既要加强通俗易懂适合大众学习的文化内容，也要有高雅的对口专业人士的文化内容，同时要加强对社会弱势群体的帮助，建立帮扶机制，还要重点关注未成年人的文化教育，从各个方面引导服务对象成为参与公共文化创造的主体。

（2）提升免费开放的标准化水平

免费开放要追求标准化，要建立完善的服务体系和考核体系，以客观数据为依据评估各个机构免费开放工作的落实情况，制定统一、科学的服务标准。这样才能进一步提高公共文化服务质量，提升免费开放工作的实施效率，通过科学严谨的评估手段，广泛采纳社会公众的真实意见和反馈，加强服务质量的提升，并针对评估结果进行调整和优化。

（3）提升免费开放的数字化水平

当今社会，科技和信息化在各种生产生活中占据了主导地位，文化传播和生产方式也受到了科技进步的影响，呈现出数字化、网络化、个性化、互动化的新趋势。人们现在更多的是通过网络、社交媒体学习和了解新的文化内容，拓宽文化视野，公共文化服务机构的传统模式已经不再适应当前的文化发展形势，需要作出改变和调整。公共文化服务机构要确立数字化的文化服务理念，既要在环境上提供人性化的服务，又要通过科技手段丰富和拓宽人们的学习渠道，将传统知识资源整合调整，转换成数字资源，增强便利性和互动性，同时也能满足社会公众中年轻群体的个性化需求。

3. 保障免费开放的生命力

免费开放是我国公共文化服务体系创新的重要一环，是一个系统性的工程，其推进效果取决于制度层面改革创新的力度。人员、资金、设施是影响免费开放具体实施的三大因素，因此要从人员、资金、设施方面加强制度层面的保障。

（1）加强公共文化服务人才队伍建设

免费开放离不开人才的支撑，我国的公共文化服务体系，历经多年的发展，有着丰富的人才储备，但是人员队伍的质量和素质还需要进一步提升。人员队伍的扩充和建设主要可以采取三种方式：一是加大现有在编人员的培训力度，使老员工广泛和深度学习现代文化理念，树立正确的责任意识，强化服务能力与服务意识，实行公共文化服务行业的准入制度，激励员工努力学习，培养一支有热情、懂专业、深入基层、服务群众的人才队伍；二是要采用多种方式选派、配备、聘任基层文化组织者，加强基层文化普及，提升基层公共文化服务能力；三是要加强志愿者队伍的建设，发展健全的公共文化志愿服务体系，通过志愿服务的方式加强公共文化服务的人才队伍建设。免费开放对于公共文化服务机构和我国的公共文化事业来说既是一次挑战，也是发展和壮大人才队伍的好机会。要持续推进人才队伍建设工作，解决当前公共文化服务机构在人员素质和专业能力方面存在的学历偏低、中高级职称偏少、专业人才严重匮乏等问题。

（2）健全免费开放的资金保障机制

近年来中央财政不断加大文化产业资金投入，解决了免费开放第一阶段的资金困难问题，使得免费开放得以顺利有效实施，保障了各类场馆的初步开放和提供基本服务。但是，随着免费开放的进一步深入，配套设施和服务的逐步完善需求，对资金的投入力度和持续性也提出新的要求。资金保障方案需要按照免费开放的发展目标、规模和实施效果完成优化和调整，加大资金投入总量，并有计划、有针对性地完成资金的投入，从可持续发展的角度建立免费开放的经费保障机制。我国的免费开放已经进入更深层次的阶段，因此资金保障制度也要根据实际情况进一步调整，要遵循统筹规划、重点保障、分类支持、体现实效的原则，完善相应政策制度，为社会资本的注入和地方财政的投入加大提供有效的途径和制度支撑。

（3）完善文化基础设施建设

通过新增设施和改造现有设施推进公共文化服务机构设施功能的提升。新增设施要符合公共文化服务机构创新特点，辅助新型服务体系的建设，适合现代化的文化内容和服务方式，做到功能先进、体量可观。建设综合性功能区，要符合布局特点和使用的便利性。改造已有的设施，尤其是基层文化设施要以标准化和规范化为原则加以改造，从而达到免费开放整体标准化的要求，提升服务效率和品质。设施是公共文化服务的物质基础，为人们的文化活动提供便利，是免费开放服务的质量保证。基础设施建设要以运营管理的科学化、标准化与新建公共文化设施的集群化、多功能化为目标，做到均等覆盖、均衡分布。

免费开放已经在我国取得了初步的成效，但是无论是在实际实施还是在理念传播上仍处于探索阶段。作为一项利国利民的文化惠民工程，免费开放在经过初始的浪潮式推进后，会逐渐沉淀下来，不断深化改革，扩大文化影响力度，渗透进社会公众的日常生活中，让先进的文化理念走进千家万户，对人们的生活方式产生一定的影响。免费开放是一个重要的国际文化理念，深入实施与持续推进免费开放，可以帮助我国提升文化软实力和国际文化影响力，具有中国特色的免费开放也是对中华优秀传统文化的传承与发扬手段，会在建设文化强国的历史进程中焕发出持久的生命力。

二、国家层面的公共文化服务供给体系创新

（一）国家公共文化服务的传统供给方式

生产者、提供者、消费者和公共文化产品与服务是公共文化服务供给体系中的四大要素。长期以来，我国公共文化服务体系一直是具有公益性质的文化领域服务体系，政府在构建公共文化服务体系中发挥着核心作用，同时这也是政府的职能之一。因此，政府既是公共文化服务的生产者和提供者，又掌握着公共文化服务供给的决策权，并承担着提供建设资金的责任。从历史发展角度来看，在相当长的一段时间里，我国的文化政策制定都是由政府直接干预，政府成为组织公共文化产品与服务生产，并且提供和安排公共文化产品与服务的主体。

公共文化服务质量直接影响了人民群众的精神文化生活。图书馆、博物馆、书店、剧院等，都是现代公民经常进行文化活动的场所，因此公共文化服务机构有着提高公民个人素质，维护社会可持续发展的重要作用。公民是社会的基本组成单位，政府服务并管理公民，因此政府对公共文化服务机构有着管理职责，政府有必要不断扩大公共服务的领域和公民参与社会管理的活动空间。

建设公共文化服务体系要以健全的制度保障为基础，因此政府首先要制定并不断完善公共文化的法律法规体系，确保公共文化服务实施的规范化、法治化；其次在有了基础的制度和法律保障之后，政府还要加大执行力度，确保制度的约束力，使各项政策能够精准落地。另外，政府还要利用社会力量来帮助完善公共文化服务体系，加强公共文化服务工作的公信力，并制定辅助提供公共文化服务的配套措施。

政府要为公共文化服务体系建设提供有力的资金保障。不是说只能由政府作为公共文化服务体系建设资金的供应者，而是政府要在不同的发展时期，站在可

持续发展的角度，着眼当前现实问题，有效规划资金的投入和使用。此外，还要在必要的时候承担起筹集社会资本的责任，拓宽社会资本注入公共文化服务体系的渠道，既要保障公众基础的文化权利，保障公共文化服务机构的公益性，又要使公共文化服务体系建设不断产生新的活力，实现可持续发展。政府应根据经济形势和发展目标决定对公共文化的投入规模，在一定时期实施公共文化投入优先发展战略。

政府履行公共文化服务体系建设职责的方式有以下两种。一是开放特许经营权，政府要加强审批和监管制度，在保证公共文化服务机构公益性和提供基础文化服务的基础上，将一定期限的公共文化服务的经营权出让给企业，给予企业一定的经营权利，从而使公共文化服务机构更具活力，满足社会民众的需求。二是与企业签约，委托企业进行公共文化产品的生产，产品由企业生产，再由政府统一供给。政府要严格把控生产标准，强化质量检测流程，确保产品质量。

（二）国家公共文化服务的创新供给方式

1. 公共文化服务多元化供给形成机理

首先，科学技术的发展使公共文化产品与服务消费的排他性成本降低。信息技术、通信技术和计算机网络技术的发展，使消费的计量和收费变得更加便捷。其次，随着公共文化服务理论的发展和人们文化需求的不断提高，人们逐渐意识到政府的主体性作用在一定程度上限制了人们的文化活动，政府不再作为公共文化服务产品的唯一生产者和提供者。一方面，公共文化服务体系建设仍然由政府引导，但是更加注重"以人为本"观念的贯彻，注重对民众文化服务体验的提升，减缓了财政压力、提高了建设效率；另一方面，市场导向的公共文化服务体系建设更符合时代发展的要求，丰富了公共文化服务的内容，增强公共文化服务机构的服务意识。最后，由于各地域内人群共同享有的文化资源不同，文化理念也会有所差异，因此在社会发展中催生出了多种多样的文化需求，为了满足不同地区的文化需求，在当地出现了各种形式的志愿型的公共文化供给。

公共文化服务体系中的各类要素都在理论、技术、资源、行政与市场体系的变化中出现新的特征或分工组合，使得政府、市场和社会可以合作提供更丰富、更有效率的公共文化产品与服务。在这一过程中，合理、有效的政策引导和公共财政支持，使得公共文化服务并没有丧失其公共性。

2. 国外公共文化服务的创新供给方式

根据马斯格雷夫（Musgrave）的"纯公共物品"概念和布坎南（Buchanan）

提出的"俱乐部产品"的概念对公共文化产品进行划分，总结出不同公共文化相对应的供给方式。从政府生产供给到多元化供给，公共文化服务供给方式模式呈现多样化趋势。

（1）政府供给

政府供给主要是通过政府机关或相关部门在内部进行直接生产的方式，提供公共文化产品，一般通过征收税款的方式筹集生产经费，生产过程由政府自身管制，在这种生产方式中政府同时扮演了服务生产者和服务提供者的角色。政府供给的服务方式，生产数量受限，一般适用于提供纯粹的公共文化产品和服务。当然在不同的国家，政府供给范围也有所不同。例如，在北欧国家，政府直接生产供给的范围相较于美国就要大很多，因为北欧实行的是市场社会主义，而美国较为注重私人供给。

（2）市场供给

政府在公共文化服务体系建设上有着得天独厚的优势。例如，政府的财政实力雄厚，决策站位高，能从社会整体发展的角度出发进行决策，因此具有较强的公信力和权威性，并且有着一定的行政权力可以制定完善的政策并监管实施，同时还可以调配各种丰富的社会资源，加快公共文化服务体系的建设。但是，政府在公共文化服务体系建设的过程中依然存在一定的问题，如无法及时反映需求情况、缺乏降低成本、提高效益的动力，供给过程存在垄断而造成浪费等。

既然政府提供与生产方面有其缺点，那么社会中的营利组织和非营利组织提供公共文化服务的可能性是什么呢？纵观人类经济社会的发展，公共文化产品与服务的供给出现了非政府提供的可能性的原因有以下几点。

第一，在现实生活中存在的准公共物品，要么只具有竞争性，要么只具有排他性，无法像单纯的私人物品那样可以完全由市场进行有效供给，因此需要政府进行一定程度的干预。政府可以在建立健全市场制度和生产制度的基础上，进一步明晰准公共物品的产权，利用市场的力量在法治化、标准化的前提下提高公共物品的供给效率。

第二，排他性技术水平的提高可以拒绝不付费者消费公共物品。20世纪80年代，发达国家在公共文化领域掀起一阵浪潮，对政府公共文化单位的体制结构进行了改革，将原有的"公共法人"制度转变为"一般法人"制度，政府公共文化单位的运作机制由行政部门转变为更像一个公司，这种转变促进了部门的革新和发展，加大了竞争力度，吸引了更多社会资本投入到可计费的文化产品和服务领域中。这一举措逐渐影响到了发展中国家，在发展中国家政府公共文化部门，公司化的趋势越来越强烈，这种转变激励着以营利为目的的企业机构有了提供这类公共文化服务的意愿。信息技术的快速发展改变了部分公共文化服务的纯粹公益属性，公共文化服务产品按照使用情况可以收取一定的费用，在这种情形下，公共文化服务产品的生产和运营，也就是用于市场的运行机制，其价格受到供求关系的调节，政府在一定程度上不再能决定产品的价值。

社会资本的介入和公共文化产品的可消费性，并没有改变公共文化服务的公共性。公共文化服务由市场提供可以通过以下方式完成。

①志愿型供给。不同地区的人有着不同的共享文化资源、文化观念和文化取向，因此公共文化服务与产品有着很强的民族性、地域性和群体性。在当前地域内，人们对公共文化产品与服务的需求，激发了当地志愿型供给方式的产生，人们自愿地组织起来进行自我提供、自我维护和自我传承。志愿型供给可以提升服务提供者的公益价值感，这种不以营利为目的、具有志愿性的第三部门在公共事务的治理中发挥着越来越重要的作用。志愿型供给有以下三种类型：一是公民自发组织的供给模式，在美国很多社区有自治组织，旨在维护本社区民众的利益和发展本社区的丰富文化。这种自治组织对于社会的发展规划、文化活动、公共事务和发展方向有着一定的管理权和决策权，并且在社区治理中发挥着重要的作用，同时自治组织还有向政府提出建议，监督政府履行职责的权利。二是由企业不以营利为目的提供的公共文化服务，可以由其自身生产和提供公共文化产品与服务，也可以资助公共文化产品与服务的生产行为，企业通过这两种方式完成志愿型供给，展示企业的社会责任感和良好社会形象。三是非政府组织通过提供信息来促进企业界和文化领域的合作。非政府组织一般指社会资本开办的非营利文化服务机构，其存在的形式一般为文化基金会、文化委员会、文化团体、文化服务机构等。它们在政府文化政策的指导下，独立或配合文化事业单位完成各类公共文化服务，是公共文化服务体系的重要参与力量。

②授权委托供给。授权委托供给方式指政府通过授权的方式将公共文化服务中一部分具体的管理职能或服务提供、转交给其他企业、社会组织等执行。2003年，日本政府借鉴西欧公共设施经营的经验，对地方自治法进行了修改，允许地方政府将公共设施（包括公共文化服务设施）的管理服务外包给私营企业组织或社会团体，这就是所谓的"指定管理者制度"，这一制度将市场竞争机制引入了公共文化设施的经营。

③特许经营供给。特许经营供给方式本质上就是把特定资产产权中的所有权、经营权、使用权和收益权分离，将市场机制引入经营权和收益权中，使之可

以交易，从而提高供给效率。目前，特许经营方式主要应用于初始投资巨大、回收期长的基础设施项目，也有些特许经营方式最终所有权会移交给企业，但公共文化服务基础设施一般采取所有权不转移的方式。在特许经营方式下，政府成为安排者，私营部门成为生产者。目前，很多发达国家的公园、体育馆等场所的服务都是通过特许经营方式安排的。

多元化公共文化服务模式对市场经济的成熟程度、公民社会的发展，以及公民对文化权利的意识有着较高的要求，其优势主要是通过多元化的提供主体来满足不同层次的公众文化需求，通过企业和社会组织的有效运作来避免政府直接提供所带来的效率损失。

在实际生活中，公共文化供给并不局限于政府供给、市场供给模式，它往往是政府和市场共同供给的结果。以美国波士顿剑桥公共图书馆为例，美国波士顿剑桥公共图书馆是美国首批成立的公共图书馆之一，是美国最早的由市民资助修建的地方性公共图书馆之一，也是美国最早为大众提供借书服务的图书馆之一，还是美国最早开设少儿活动室的公共图书馆之一。美国波士顿剑桥公共图书馆的前身是剑桥雅典娜馆，其自 1849 年开办之初就充分体现出为大众提供综合性文化空间的特点，既有图书馆又有演讲报告厅及阅览室；1874 年取消收费，开始对公众免费开放，为表明其为大众服务的宗旨，图书馆正式更名为剑桥公共图书馆，明确了公共图书馆作为公共文化活动空间的办馆理念和原则。至 1967 年，剑桥公共图书馆拥有 6 个分馆，分布在剑桥市的各个社区，大多数居民步行 15 分钟就可以到达最近的分馆。

（三）我国公共文化服务供给方式创新与社会参与机制

1. 我国公共文化服务体系供给特征

（1）以政府投入为主导

从经济学的角度看，公共文化产品与服务具有纯粹公共物品或准公共物品的特征，单纯依靠市场的力量很难实现有效供给，所以作为主导的供给主体——政府，其公共财政的支持一直是公共文化有效供给的主要来源。

财政支出为公共文化设施建设运行维护、公共文化产品和服务生产提供了基本资金支持，是公共文化服务体系长期持续运行的经济基础。我国对公共文化服务的财政投入主要有两个方面：一方面是通过公共财政投入直接进行公共文化服务设施建设、公益性文化单位运行、公共文化产品生产；另一方面是委托或采购社会公共文化产品与服务。

提供公共文化服务是政府的基本职责，这是由社会公共服务的公益性、共用性和非排他性决定的。尽管近年来我国不断加大财政对于公共文化服务体系建设的支持力度，但从整体上看尚显不足，主要表现在两个方面：一方面是文化事业费占国家财政总支出的比重小，增长速度低，与目前国际上中等发达程度以上的国家文化财政支出在财政总支出中的占比相比，我国对公共文化服务的投入水平还存在较大差距；另一方面是我国文化事业费年均增长速度低于同期财政支出的增长速度，更落后于其他社会事业费。

（2）企业、社会组织参与公共文化服务供给的有益探索

国外文化发展的成功经验业已表明，无论是文化产业还是文化事业的发展，都需要多元化的主体与之相适应。文化需求的多样化也需要文化主体的多元化适应，产业主体结构是否合理是衡量产业发展成熟与否的标志。

从企业的层面来看，企业具有提供私人产品的特性，这使得企业在公共文化体系中所占的份额较小，但企业却有着强大的生产能力与市场竞争力，在文化基础设施的建设及某些具体文化产品的生产中又具备比政府、文化事业单位及非政府组织更多的优势，特别是技术的变革，促使某些纯粹的公共文化产品和服务在消费端体现排他性，这样就有了私人供给的可能性。另外，企业对于社会责任的关注也在促进其通过各种渠道提供公益性的文化产品与服务，如从事慈善活动。在我国的实践中，上海市政府通过签约的方式委托企业管理公共文化服务设施，并提供部分公共文化服务，其中，"上海浦东新区康桥社区文化活动中心"是典型的代表。

从社会组织的层面来看，理论界普遍认为，社会组织是政府、市场之外的第三支社会中坚力量，它的存在本身就是对政府、市场的补充和平衡。社会组织有使命、有热情、有能力、有合作精神，政府有宏观调控、政策的影响，加上市场的资源和社会责任，它们三者的良性互动是促进社会发展的保证。

2. 我国公共文化服务供给的社会参与创新方式

对于政府而言，公共文化服务供给方式的转型不仅在于公共产品的供给形式的转变，还对我国政府在提供公共服务中的角色定位提出了新的要求；对于市场而言，它的转型不仅获得了更广阔的发展空间，还在于如何通过市场的力量，繁荣文化产业，满足整个社会的多元化需求。目前，公共文化服务的提供趋于主体多元化，模式在不断创新。

社会组织参与公共文化服务供给的目的是使其广泛参与并提高参与效率。因

此，我们有必要根据当前社会经济条件对公共文化服务进行详细的分类，以便通过政府、企业与社会组织的不同组合力量实现有效供给。公共文化服务具体分三类：纯粹公益性公共文化服务、混合性公共文化服务和经营性公共文化服务。其中，纯粹公益性公共文化服务是指党和国家新闻媒体、公共图书馆、公立博物馆，基层文化建设，不可利用性文物保护，历史文化遗产和优秀民间文物保护等的相关文化服务；混合性公共文化服务是指具有一定公益性的影视节目制作、文化活动场馆、群众文化活动设施的建设与运营管理、代表民族特色和国家水准的重点艺术院团、为满足群众的基本文化需求而开展的重大节庆活动、自办文化团队等相关文化服务；经营性公共文化服务是指出版物出版、发行和印刷，放映、演出公司，一般性艺术表演团体，文化中介服务机构等相关文化服务。

对于文化遗产的收集保护、文化市场秩序的维护等纯粹公益性文化产品和社会力量不愿（或无力）提供的产品和服务，由政府承担；对于信息工程、农村电影放映工程、送戏下乡等准公共产品和社会力量不愿提供但有能力提供的产品和服务，可由政府采取出资购买的方式承担；对于社区和农村为满足群众的基本文化需求而开展的重大节庆活动、自办文化团队等，社会力量愿意提供且能够提供的产品和服务，由政府通过奖励的方式给予适当资助和补助，激励他们为公共文化服务体系建设作出更大贡献。本书针对混合型公共文化服务与经营性公共文化服务的社会组织参与提出以下建议。

（1）政府购买方式

公共文化服务领域政府购买是指政府将原来直接提供的文化产品或服务交给政府以外的有资质的社会组织来完成，并根据提供服务的数量和质量支付其相关费用。目前，我国无锡、南京、上海、深圳等地政府已经开始了与社会组织的合作，通过政府购买的方式来完成公共文化服务的生产和提供。

与筹措资金相比，社会组织更擅长组织活动和运作项目。政府购买是促进社会组织发展的重要政策工具，这一工具已经为发达国家普遍采用。今后我国要进一步加大政府购买社会组织公共文化服务的力度，把政府购买公共文化服务从单纯的财政支出管理手段，上升为通过财政杠杆有效调控社会组织发展的公共政策工具。

政府向社会组织购买公共文化服务，可以发挥多方面的作用：一是对公共文化服务的民间供给提供资金支持；二是通过购买公共文化服务时制定的质量标准和公平竞争规则推动社会组织的专业化建设步伐；三是通过政策引导功能，使社会组织更加自觉地按照政府与社会的需求提供公共文化产品与服务。

政府购买的供给模式在浙江省得到了很好的应用，同时浙江省也是全国较早提出对公益性文化产品实施采购政策的省份。浙江省各地政府每年向社会采购一批重点项目，低价或免费向群众提供，已经成为一种普遍做法。政府根据所采购产品的不同特性，通过公开招标、邀请招标、竞争性采购等方式进行采购。这种做法将公共文化产品和服务的提供与生产相分离，政府作为公共产品资金的提供者，在公共文化产品和服务的生产者（包括公共文化服务机构和私营文化服务机构）之间引入了市场竞争机制。

（2）政府授权委托方式

由于生产和供给的可分割性，政府可以根据公众的要求，通过制定行业和服务的标准，委托有资质、信誉高的社会机构生产一定的公共文化产品，然后由政府统一进行供给。

授权委托方式指政府通过授权的方式将公共文化服务中一部分具体的管理职能或服务提供转交给社会组织执行。授权委托是从公共部门中分离出来的专门的公共文化服务方式，一般是与文化基础设施有关的某些服务，如设施/场地开放、售票和收费服务等；也可以是直接由文化产品与服务提供的，如社会体育指导员工作、社区或农村地区的公共文化产品。公共部门与社会组织签订协议，约定在一定期限内（通常3～5年）由社会组织提供服务。公共部门依然对这些设施的管理和维护承担全部责任，为固定资产筹资、提供流动资金，并以管理费（一般依赖于某些绩效指标的考核来发放）的方式向社会组织提供日常运营所需的经费。

在授权委托方式中，政府在制定各项法规政策时引入社会参与机制，通过法律授权和行政授权将那些原来由政府机构行使的有关落实政策、文化事业管理和社会监督等微观管理职能逐步转交给各类社会组织，向其提供支持与一定的财政补贴，并依法对其进行监督、管理。社会组织接受授权后，要认真履行政府授予的各种管理职能，并且要向政府传达公众及社会各界对公共文化服务的需求及意见，对政府进行反馈。这种方式既可以改变政府面对公众不断增加的公共文化服务的需求时力不从心的困境，又能通过减少政府的职能缩小政府规模，实现各文化行政组织的简政放权和社会化。

社会力量以非营利机构形式接受政府委托从事公共文化服务，相应地，我国已经出现了社会组织参与公共服务的先行者。

（3）政府特许经营方式

政府文化主管部门在严格审查文化企业、社会组织的资质和信誉的基础上，通过出让一定期限的公共文化服务的经营权来吸引其他部门参与公共文化服务基础设施的建设，并实行严格的审批和市场监管，使其向社会提供健康、合理的公共文化产品和服务。这是一种市场机制的引入，为了使社会组织不偏离非营利性和为公众利益服务的目标，对于运营收益要在特许经营合同中规范其公益性和非营利性的用途。

（4）基金制下发展志愿型供给方式

国家鼓励设立国家公共文化服务发展基金，面向全社会文化机构（包括社会组织）和个人进行资助和奖励，支持文化艺术领域优秀作品创作和人才培养，同时引导文化产品和服务的生产。在当前我国推进乡村振兴的时代背景下，我们应当对该志愿型供给予以重视。

（5）通过税收优惠，引导企业资助社会组织方式

社会组织需要借力发展，既需要政府提供资金支持，也需要充分依靠企业资助和借鉴企业的运作模式、经营理念和管理方法，更需要热心公益的企业经营人才参与社会组织的经营管理。在发展公共文化产品与服务的过程中，引导企业参与和提供资助也是强调企业社会责任感实现的过程。在企业社会责任意识的推动下，我国已有越来越多的企业对慈善和公益活动予以关注，勇于承担社会责任，这将有利于社会组织获得更大的资金支持。

我国可以借鉴发达国家的一些有益经验，通过制定合理的财税优惠政策促进企业参与社会组织提供公共文化服务的工作中，可采取的具体措施包括：使企业的公益捐赠按相关比例来抵减税收，激励企业承担社会责任；政府作为协调机构，联合社会组织和企业共同生产和提供公共文化服务，如通过认购大型文化活动的举办权、买断文化活动和文化项目的冠名权、合资合作开发文化资源等多种形式，参与公益文化活动，提高企业知名度，由企业承担社会组织生产的公共文化产品或项目的生产运营成本，政府制定产品或项目质量标准并进行监管。

3. 我国公共文化服务内容样态创新

目前，公共文化服务内容创新面临的挑战来自"数字鸿沟"。数字鸿沟又称信息鸿沟，即信息富有者和信息贫困者之间的鸿沟。在信息极度丰富、信息技术高度发达的条件下，信息分化导致的信息不对称形成了信息鸿沟。在我国，这一问题同样阻碍着我们建立一个公平和充满活力的信息社会。全国文化信息资源共享工程（简称文化共享工程）是2002年起由文化部、财政部共同组织实施的一项旨在推动文化建设的惠民工程，也是在信息化不断发展的历史条件下提升公共

文化服务能力的创新工程。党和国家高度重视文化共享工程的建设。

互联网时代，网络可共享的文化资源极大丰富，但是虚拟空间中的文化冲突也更加明显。数字技术和现代通信技术的发展打破了传统的地缘政治、地缘经济和地缘文化的概念，形成了一个跨国界、跨文化、跨语言的以信息为主的全新虚拟空间，使整个社会经济生活发生了革命性变革。它冲破时空限制，为世界范围内共享通信、信息与智慧带来的便利提供了可能，从而产生和形成了一种新的文化形式——网络文化。

当前，我国需要大力加强互联网建设，提供更多更好的网络文化产品，发展和传播健康向上的网络文化，使之成为传播社会主义先进文化的新途径、公共文化服务的新平台、大众精神文化生活的新空间；以国家级和省级图书馆数字化改造为龙头，加快国家图书馆、各省图书馆与各地公共图书馆、各高校图书馆的联网步伐；加强市、县图书馆镜像站建设，增强文化信息资源的传输、存储和供给能力；加快广播电视、直播卫星和移动多媒体系统建设，推进城市有线电视和地面无线广播电视数字化改造，改善和提高广播电视覆盖效能；推进数字化出版、印刷及现代物流技术的研发与应用，构建数字化出版物的生产、传播和网络平台。

伴随着手机、平板电脑等移动终端和互联网新技术的发展，网络论坛、微博、微信等成为新的重要信息平台，大幅提升了人民群众信息交流的速度和广度。然而，我们必须看到的是，新媒体中也有大量不健康的信息存在，冲击了主流价值、破坏了社会风气。为占领文化阵地、传播先进文化，我国很多主流传统媒体都与电信移动运营商合作，提供了丰富的公共文化产品和服务。

第二节 现代公共文化服务技术创新

一、新技术环境下现代公共文化服务技术创新的意义

（一）缩小城乡差距的基本手段

我国城市与农村的差距是地区经济发展积累的结果。通常情况下，城市由于经济基础良好、基础设施先进，所以发展速度越来越快，而农村地区经济基础本身差、产业链条不健全，发展速度远不如城市。随着各地区的不断发展，城市与农村各自发展速度很难改变，二者便会进入相差越来越大的恶性循环。以互联网

为代表的数字化技术的普及在某种程度上可以改变城市与农村之间的这种恶性循环，因为数字化技术打破了地域限制，克服了空间问题，解决了终端接收障碍，实现了城乡资源共建共享，从而可以使城市与农村享受到同样的社会资源，进入具有同样发展速度的良性循环轨道，逐渐缩小城乡差距。

（二）基层公共文化服务体系建设的整合桥梁

在数字化时代，任何领域的发展都离不开以网络为代表的数字技术的支持。基层公共文化服务体系作为一个系统，可以利用文化共享工程的相关技术成果来惠及系统内的各个方面。首先，文化共享工程可以提供更加丰富的文化产品和信息资源，使群众根据自己的喜好任意选择；其次，文化信息资源共享工程为基层文化队伍建设提供了便利条件，可以通过远程教育方式对基层文化队伍进行定期培训，既节省了时间和资源，也增加了培训力度；最后，文化共享工程为基层公共文化服务体系建设提供了更好的保障。基层公共文化服务体系建设的绩效考评可以通过网络，群众以自愿投票的方式进行，既提高了群众参与度，也提升了评估体系的可信度。

（三）优秀文化永久传承的有效工具

实施文化共享工程，实际上是中华文化信息基地的网络建设，它能迅速扭转网上中文信息匮乏的状况，形成整体优势。一方面，文化共享工程能够弘扬博大精深的中华文化，将某些濒临灭绝的文化艺术珍品以数字化的方式永久保存下来，供后人享用；另一方面，人们通过应用计算机、网络、通信和多媒体等高科技手段，吸收、领悟前人的文化精髓，并能够在此基础上发展与创新，形成良性的文化传承与发展的大好局面，有助于中华文化的大繁荣大发展。

（四）科学技术创新的内在动力

当前的国际竞争，说到底是以科学技术创新为代表的综合国力的竞争。科学技术的发展不仅需要个别领域的技术人才，还需要全民科学素质的整体提高。文化共享工程的实施使得科学知识可以最广范围、最大限度地影响全国各个群体，有助于提升全民整体素质，有助于培育各领域科学技术人才。文化共享工程开辟了一个不受地域、时空限制的崭新的文化传播渠道，这对于迅速扭转我国广大偏远地区信息贫乏和经济、文化落后的状况将起到显著的作用。

计算机、网络与通信等信息技术的发展带来信息生产、传播方式前所未有的变革，正引发各类知识信息传播服务机构根本性的转变，公共文化服务机构也不例外。从国外到国内,各类公共文化服务机构已经或正在顺应技术发展及由此带来的人们信息需求的改变。在此之前,我们应对面临的环境变化进行深入的分析。

二、网络与通信技术对公共文化服务的影响

(一)新技术带来信息生产与传播方式的改变

1. 信息数字化与多媒体化

在探讨当代社会信息数字化与多媒体化的表现时,首先应当理解这两个概念所涉及的范畴。信息数字化是指将信息从传统的模拟形式转换为数字形式的过程。这种转换不仅涉及文本数据,还包括图像、声音、视频等各种非文本信息。多媒体化则是指通过计算机等电子设备,综合运用文本、声音、图像、动画、视频等手段来表达和传递信息的过程。在此基础上,从几个核心角度剖析当代社会中信息数字化与多媒体化的表现。信息数字化和多媒体化是当代社会的显著特征,它们在信息存储、传播、表现、消费等多个环节中展现出强大的力量,深刻地重塑了人类的生活方式和社会结构。

信息数字化与多媒体化的主流趋势对公共文化服务产生了深刻影响。其中,最显著的变化包括信息获取的便捷性、内容传播的广泛性、互动性的增强及服务模式的创新。

传统的公共文化服务,如艺术展览等,受限于物理空间和时间,导致公众在获取文化资源时面临诸多不便。然而,随着数字化的推进,这些服务通过互联网平台得以向公众提供,从而打破了时空限制。如今,人们只需通过电子设备,即可随时随地访问丰富的文化资源,享受便捷、高效的服务体验。例如,数字图书馆的出现使读者无须亲临图书馆即可阅读海量的数字书籍。这种转变极大地提高了文化服务的可达性和方便性,促进了知识的普及和文化的传播。

数字化和多媒体化极大地扩展了公共文化服务的传播范围。多媒体技术的应用,如视频、音频、动画等,丰富了文化内容的表现形式,提高了信息的吸引力和传播效率。网络平台的使用使文化服务的传播不再受地理位置的限制,从而触及更广泛的受众群体。例如,社交媒体上的文化推广活动能迅速吸引数以万计的关注者,文化内容的"病毒式"传播成为可能。

与传统的单向文化传播不同,现代公共文化服务平台通常具有强大的互动功能。观众不再是被动的接收者,而是可以通过评论、分享、参与在线讨论等形式参与文化内容的创建和传播过程。例如,虚拟现实技术的应用使观众可以在虚拟

环境中亲身体验文化活动，这种参与感和沉浸感极大地提升了公众的文化体验。

新技术的引入不断扩展服务的边界，使得公共文化服务能够跨越物理空间，向虚拟空间拓展。同时，大数据分析、云计算等技术的应用，使得服务提供者能够更精准地理解公众的文化需求和偏好，从而提供更个性化、高质量的文化服务。例如，推荐系统能够根据用户的历史行为和偏好推荐相应的文化内容，提升用户体验。

2. 传播移动化且日趋个人化

移动通信技术的普及和社交媒体平台的兴起，不但改变了个人获取信息的方式，而且重塑了公共文化服务的提供模式。这种变化在当代社会已经成为一种不可逆转的趋势，对公共文化服务产生了深远的影响。

智能手机和平板电脑等移动终端设备已经成为大多数人获取信息的主要工具。随着 5G 网络的普及，人们可以随时随地接触到各种公共文化信息。这种随时可得的信息传播方式满足了人们对即时信息的需求，但同时也对公共文化服务的传统方式提出了挑战。

社交媒体平台通过算法推荐，使得用户能够接触到与自己兴趣爱好相关的文化内容。这种基于个人偏好的内容推送方式，在一定程度上加强了文化消费的个性化和选择性。然而，这也可能导致用户陷入"信息茧房"，即用户只被推送和他们已有兴趣相符的信息，而很难接触到更广泛、多元的文化内容。

移动化和个人化的传播趋势促进了公共文化服务的数字化转型。为了适应这一变化，传统文化机构纷纷开展了数字资源的开发和在线服务的创新。图书馆提供电子图书借阅服务、博物馆开展虚拟展览，这些数字化的公共文化服务使得文化消费更加方便快捷。然而，这种转型也带来了数字鸿沟的问题，即不同社会群体在信息技术获取和使用上的差异，可能会导致文化资源分配的不公平。

在移动互联网时代，公共文化服务需要更加注重对公共价值的传播和维护。由于信息传播的多向性和开放性，公共文化服务机构应当承担起筛选、审核信息的责任，确保传播的内容是真实、有益的。同时，公共文化服务还应当致力于促进社会整合，促进不同文化背景的人们之间的交流和理解。

3. 接收终端多元化

终端多元化主要表现在多样的设备类型上：从传统的电视、广播、报纸，到计算机、智能手机、平板电脑甚至是智能穿戴设备。这些终端设备不但种类繁多，而且各具特色，为公共文化服务的传播提供了广阔的平台。

终端多元化的趋势对公共文化服务产生了深远的影响。不同的人群可以根据自己的生活习惯和偏好，选择最合适的接收终端。例如，年轻人可能更倾向于使用智能手机或平板电脑获取信息，而老年人可能仍然习惯于通过电视或广播接收文化内容。因此，公共文化服务的提供者需要适应这种多样化的需求，确保内容在各种终端上都能得到有效传播。

随着新技术的不断涌现，传统的文化服务形式已不能满足所有人的需求。文化机构需要不断探索新的技术，开发适应不同终端特性的文化产品和服务，以吸引更多的受众。终端多元化也提高了公共文化服务的互动性。在智能手机和社交媒体的助力下，受众不再是被动接收信息的对象，而是可以主动参与文化内容的创造和传播。这种群众参与的模式，使文化服务更加生动和个性化，同时也增强了受众对文化服务的归属感和满意度。

然而，终端多元化也带来了一些挑战。第一，信息过载的问题日益严重。大量信息在各种终端上的爆炸式增长，使得受众在接收文化服务时容易感到困惑和压力，难以识别和吸收有价值的内容。第二，数字鸿沟的问题依然存在。并不是所有人都能够负担得起最新的科技产品或有能力使用高科技设备，这可能导致一部分群体被边缘化，享受不到优质的公共文化服务。第三，文化内容的质量保障问题。在各种终端上发布内容的低门槛使得监管变得复杂，内容的真实性、科学性、艺术性可能难以得到保证。

4. 用户的交互和分享更便捷

社交媒体的普及极大地促进了信息的快速流通，网络用户可以通过社交网络平台实时分享信息和文化内容，如通过微博等社交平台发布个人动态、观点和文化创作。这种信息传播的即时性和广泛性使得文化内容能够迅速触达大众，从而加速了文化的流动与交换。公共文化服务机构，如图书馆、博物馆，也开始利用这些平台进行信息传播和互动，推广各自的文化活动，扩大服务的覆盖范围。

即时通信工具的进步也为网络用户提供了更为便捷的沟通方式。微信等通信应用不仅支持文本消息，还支持语音、视频通话及各类文件的传输，使得个人之间的文化交流更加多元和便捷。这使公共文化服务机构可以更高效地与用户进行互动，满足用户的即时咨询和服务需求，为用户提供更加个性化的文化服务体验。

内容分享平台的创新为用户提供了新的文化体验方式。例如，视频分享平台优兔和短视频应用抖音允许用户创作和分享多媒体内容，这不仅催生了大量的草根文化创作者，还为公共文化服务的数字化转型提供了新的渠道。这些平台使得公共文化服务能够通过更加生动和互动的形式传播文化知识，如在线视频导览、虚拟现实体验等，提高了公众参与文化活动的兴趣和动机。

5. 信息需求更深、更广

在数量庞大的信息流中，高质量、有深度的信息成为人们的首选。这要求公共文化服务机构在信息筛选、整理和提供方面必须更加专业和精准。图书馆、博物馆、文化中心等机构需要改进信息服务，提供更加专业化的知识传播和文化交流平台，满足公众对高品质文化产品的需求。

在经济全球化和互联网时代背景下，人们不再满足于获取单一领域或单一文化的信息。公共文化服务必须跟上这一需求，通过搭建更加开放和包容的服务平台，促进不同学科、不同文化之间的信息交流与资源共享，增进公共文化服务的广度与多样性。

信息技术的不断革新也对公共文化服务提出了新的挑战。公共文化服务机构需要采用先进的信息技术，如人工智能、大数据分析等工具，来增强服务效能，实现个性化和精准化的信息服务。这包括利用推荐系统为用户提供个性化阅读建议、使用大数据分析挖掘文化消费趋势等。通过技术手段，公共文化服务可以更好地满足公众对信息的深层次需求。另外，信息的深度与广度需求还要求公共文化服务机构提高自身内容生产的能力。除了提供传统的文化产品，公共文化服务机构还需要转型为内容的生产者，制作高质量的原创内容，如在线课程、专题讲座、互动展览等，以丰富公众的文化生活。

（二）新技术对公共文化服务机构提出新要求

人们对信息的需求及信息获取方式的改变，向公共文化服务机构从内容层面到服务层面提出了新的要求。

1. 对公共文化服务的内容提出新要求

数字化的互联网最突出的特征是能提供海量的信息，这一特征大大刺激了人们的信息需求，也使得信息需求越来越多元化、分众化。这要求公共文化服务机构作出回应，满足人们的多种需求。

科技的发展和应用为用户定制服务提供了更多可能和选择，同时用户原创内容正成为信息世界重要的内容来源之一，也将成为公共文化服务机构不能忽略的内容的有机组成部分。

2. 公共文化服务机构应适应新的传播方式

随着搜索引擎技术和 Web 技术的发展与应用，人们获取信息的方式由以往的被动接收转变为主动搜索，由以往的大众传播机构主导转变为基于网络社区的网状的人际分享与传播，其便利性、个性化、主动性颠覆了以往的信息传播方式。公共文化服务机构需要适应这些转变，充分利用技术重塑信息传播服务方式，为用户提供更加便利、个性化、交互性强的使用方式。

同时，随着移动互联技术的发展，多元及移动化的接收终端的应用和普及，使信息传播由以往固定接收转变为随时随地的移动接收，这需要信息提供者不断拓展原有的信息传播渠道，探索新的传播终端的特点，适应新的传播方式，以便接触并服务其目标用户。

3. 公共文化服务机构应适应信息生态环境的变化

今天，信息服务机构已经变得更加多元。在互联网领域，最初的各类技术服务提供商已经变身为内容服务商，门户网站、搜索引擎、电信服务商等众多机构，都陆续推出了包括新闻、图书、音乐、视频在内的多元内容，内容的聚合和用户体验成为各网站持续吸引用户的最重要因素。著名的谷歌"数字图书馆"计划，尽管引来一片争议，但最终得以继续进行。视频内容也已经成为门户网站、搜索引擎、垂直视频网站等竞相整合的内容。

视频网站的快速发展，直接导致了传统电视观众的转移。2011 年，网易、新浪、凤凰网等相继引入了国内外大学教育视频公开课，实现了在内容领域影响力上的又一次提升。

（三）以用户为核心的公共文化服务体系

1. 数字化、多元化、开放性的内容

（1）优质内容的生产和整合

技术发展带来信息生态环境的根本性变革，其核心是用户需求的转变，用户在内容方面需求的多元化、分众化要求信息内容提供者在内容生产和整合上要有清晰的内容定位，重构组织内容生产流程，充分整合机构内外资源，满足特定用户群体的内容需求。公共文化服务机构作为信息最主要的提供者和组织者，在多种信息服务机构并存的时代若要发挥其功能，首先应担负起优质内容生产和整合的职责，因为内容是信息世界的核心。换言之，内容始终是公共文化服务机构的核心竞争力。

（2）识别用户的需求

作为内容提供者，应更多从用户的角度考虑内容的策划、组织和生产，要在深度了解用户需求的基础上选择自身内容定位。在这一点上，互联网提供了充分的用户反馈信息，从中可以显示用户需求在哪里。依据有关调查，网民使用搜索引擎搜索内容最多的几项依次是音乐、视频、影视相关信息，以及网站、新闻、知识。爱问知识类网站的主体用户集中在22～45岁。

信息传播机构应重点以个体的生命周期和兴趣为内容定位的主要维度。儿童、青少年和成年人在信息需求上有着显著的不同，并且成年人的需求也是分层次的。考察目前我国公共文化服务机构的内容定位，无论是媒体还是公共图书馆，有些依然是粗放型内容定位，很难在信息世界被用户发现和识别，更何况持续使用了。即使是资源相对丰富的国家级媒体，如中国网络电视台（CNTV）和国家数字图书馆，在面向用户的内容生产、组织和分类方面也依然做得还不够。商业网站在数字化建设方面已经有了可供借鉴的实践经验，就是用畅销书吸引用户，利用数据挖掘技术向用户推荐资源，应用长尾理论实现为所有内容资源找到合适用户的目标。

（3）用户原创内容的融合与利用

开放性是互联网信息世界最重要的特征之一，对各类信息内容生成机构产生了根本性影响。开放性信息内容生成最著名的案例要数维基百科，这个2001年发起的开放信息内容计划的影响力堪比《大英百科全书》，成为互联网世界重要的信息学术参考。维基百科的成功说明：基于用户需求有效组织的、丰富可靠的、开放的信息服务，对用户有着强大的吸引力，可以无惧搜索引擎对用户的影响。

包括博客、微博、微信等Web技术带来的用户原创内容（UGC）将大大改变以往公共文化服务机构在内容领域的角色。UGC让英国广播公司（BBC）转变了受众是被动接受者的思维方式，同时也将其从传统广播电视内容提供商变成一个聚合型媒介平台，吸引了更多的消费者参与节目内容的制作、交流讨论和生产。在中国，以百度百科、互动百科、知乎、MBA智库百科等为代表的开放性内容原创计划已经产生了一定的影响力。公共文化服务机构需要转变思维，从单纯的内容生产者转变为内容聚合的公共文化服务媒介平台。

2. 多渠道、多平台、多终端、移动化、交互性的传播服务体系

（1）聚合内容、服务用户

尽管移动互联时代已经到来，网站作为连接用户与信息内容的纽带，在未来

很长一段时间内仍将是很重要的信息传播渠道，如何有效发挥其作用成为一个值得思考的问题。经过几年的实践探索，人们对网站的认识和利用已经发生了根本性变化，网站不再仅仅是传统信息传播机构内容的简单平移，而是成为一个面向用户聚合内容、提供综合服务的平台，是用户定制个性化信息的客户服务中心。最初的一台（报）一网的网站格局正在被多元化、综合性服务平台打破。

①按照用户需求聚合内容资源。基于用户的内容资源聚合和用户体验是一个网站成功的关键。如果没有相对明确的基于用户的内容定位，内容组织不合理、用户体验不佳，网站将无法发挥良好的传播作用。网站聚合内容的实质是内容服务者基于用户需求进行的对于内容的开放性整合，这种整合既可以是一个机构内部内容资源的整合，也可以是机构以外的内容资源整合，其根本是围绕用户需求。

②借鉴国外成功经验。英国 BBC 网站进行改版，基于用户年龄进行内容分类，目标用户定位清晰，一目了然；用户界面设计简洁、美观，使用户可以根据个人兴趣选定模块，形成个性化的内容主页，操作简便、易于使用。BBC 网站以用户需求为核心合理地聚合、组织、呈现 BBC 整个传媒集团丰富的内容资源，使其网站的使用率和传播效果得以大幅提升。

针对用户对网络视频内容需求快速增长的趋势，美国国家广播环球公司（NBC Universal）和新闻集团（News Corparation）共同注册成立了视频网站——Hulu，在便捷、合法地传播自己内容的同时，还聚合了索尼、米高梅、华纳兄弟等 80 多家内容制作商的视频内容。Hulu 以用户需求为核心，很好地发挥了网络聚合内容的优势，用"最简单的方法以最佳体验看到最高质量的视频"。Hulu 坚持以用户为核心的服务理念，如今跻身全美视频网站前三名，成为最受欢迎的视频网站之一。

③设置站内检索与推荐功能。设置站内检索与推荐功能为用户从大量网站信息中快速获取所需内容提供了方便。BBC 与 Hulu 都具备站内检索功能，并且 Hulu 在推荐设计方面卓有成效。目前，我国包括新华网、央视网、凤凰网等在内的多数网站加入了站内检索功能，为用户有效利用站内资源提供了方便，在推荐方面也有诸多尝试。

④设计用户参与和互动功能。利用 Web 技术，网站可以提供用户评论、博客、播客等功能，这既补充了网站内容，又为用户提供了服务。BBC 提供的播客服务，增强了用户黏性；Hulu 的评论功能用户参与热情之高超出了最初的预期。对比国外成功的案例，国内公共文化服务机构网站的设计和利用还需要改进。

（2）有效利用社交网络和社会媒体

社交网络，即社会化网络服务，源自英文的 SNS（Social Network Service）。由于具有类似现实世界的人际社交特征，社交网络的应用普及速度很快。与网络世界碎片化相伴随的是用户在社交网站的重新聚集。市场研究公司优势麦肯（Universal McCann）发布的全球范围内对社交媒体的调查报告显示，社交网络正在成为内容制作和内容共享的主要平台，社交网络的用户数量呈现惊人的增长。适应社交网络人际传播的特点，有效嵌入社交网络，是信息传播机构需要拓展的重要工作之一。

随着微博影响力的迅速提升，众多机构纷纷进驻微博，公共文化服务机构进驻社交网络、提升传播效果已经十分普遍。考察机构在社交网络的传播效果，大致可以看到这样的规律：一方面，机构在社交网络的影响力大小往往与它在现实生活中的品牌影响力的大小有直接关系；另一方面，其在社交网络的传播更加符合人际传播的特点，感性化、个性化的沟通方式更易于获得关注。《新周刊》主编封新城在介绍《新周刊》微博经验时表明，从开始发早晚帖起，《新周刊》微博的关注度就开始明显提升，这一方法已经开始为众多的机构和个人所借鉴。对于机构来说，如何兼顾感性与客观的平衡是关键。因此，注册、开通微博只是建立微博传播的第一步，如何适应社交网络人际传播的特点，通过沟通与用户建立某种情感关联，赢得尽可能多的粉丝关注与转发，才能称得上是有效嵌入，也才能最终实现传播自身内容与服务的目标。

（3）适应多终端的技术创新

建立多渠道、多平台的信息传播体系，还包括多终端的信息发布，这是信息传播机构实现多渠道传播的又一重要的战略性选择。

在布局多终端传播方面，技术创新是核心要素。例如，BBC 斥巨资研发的 iPlayer 播放器就是一个范例，可供用户利用广播、电视、计算机及多种移动终端随时下载播放 BBC 已播出的节目。该播放器一经推出，立刻改变了用户的收听（看）模式，其所赋予用户的便利和自由深受用户欢迎，大大改善了 BBC 的用户结构。

（4）利用云计算实现设施、内容与服务的共建共享

互联网信息不断快速增长，用户信息服务需求不断拓展和加深，随之而来的是任何信息服务机构都需要面对的信息存储、共享及高效运算处理的迫切需求。云计算技术的发展为这些问题提供了有效的解决途径。

云计算是分布式计算、网格计算、并行计算、互联网和虚拟技术的综合应用

和发展，是一种基于互联网的新的信息资源提供模式和商业模式。它能将海量的计算资源（包括网络硬件、软件）以服务的方式通过互联网提供给用户。在云计算模式下，用户可通过租用的方式使用软、硬件及计算资源。云计算可以大大降低信息服务机构的建设成本，还可以实现机构间的资源共建共享。

作为海量信息存储、处理的新的解决方案，云计算正逐渐在世界范围内的信息传播机构中得到广泛应用。谷歌、亚马逊等互联网巨头不仅利用云计算解决了自身信息存储、处理难题，还通过云计算服务获得了新的利润增长点。在我国，云计算技术与中国下一代广播电视网的融合，有助于广电实现新业态和提供新服务，能够让广播电视节目实现跨硬件、跨终端提供，实实在在地让数据和信息流动起来。云计算给媒体节目制作模式、行业内容整合，以及传播服务模式诸方面带来了变革。

3. 体系结构的转变

在不断发展的技术力量推动下，任何机构都不可能独立应对技术进步，以及用户需求的多元和深入带来的变化，基于用户需求形成的跨行业、跨区域、优势互补的合作联盟将是大势所趋。例如，同类媒体的跨区域合作、同一媒体的全媒体布局、不同媒体间的互相进入、不同行业间的相互进入、媒体转企上市等。

受原有体制和机制的影响，在传统媒体领域中，存在以行政区划方式设置的各级媒体机构基础设施重复建设、内容同质化、服务单一化现象。在新技术、新媒体带来的冲击下，传统媒体打破原有行政区划管理体制，谋求体制机制转变的需求日益迫切。尽管在技术的外部力量的作用下三网融合的推进仍面临困难，但是随着宽带的进一步提速，5G技术的不断普及，行业壁垒将会被以用户为核心的合作服务取代。

信息服务机构在合作和整合体系方面已经迈出步伐，但在内容整合规划建设、服务推广方面还远远不能满足需求。相信随着合作的不断推进、用户需求的不断加深，一个跨区域的、具有整体规划、布局合理、技术跟进及时、开放合作的公共文化服务体系将会建立，若不如此，恐怕将会被网络信息服务的浪潮推向更边缘化的处境。

4. 营销与推广

技术改变了原有的信息服务生态环境，使得这一领域变成一个相互交织、具有竞争的环境，也对传统的公共文化服务机构的营销推广能力提出了更多要求。

通过了解公众信息需求确立自身定位，将提供的内容和服务让公众知晓，与公众建立良好互动，这些都需要专业的品牌化营销规划和推广。公共文化服务领域正面临新的挑战。在现有的技术与信息传播环境下，推广公共文化服务要着重考虑两方面：一是外部合作方面，可以与搜索引擎、外部链接合作，利用微博、微信等社交媒体进行推广；二是自我推广方面，加强自身网站建设，即加强面向用户的网站结构和功能设计（检索、推荐、排行榜、用户评论、个人博客等），加强面向用户的信息推送（包括网站和移动终端）。

三、基于高新信息传播的数字化公共文化服务体系

（一）数字化公共文化服务体系的优势

1. 公共文化资源的广泛传播、共享、长久保存和海量存储

传统的文化资源，如书籍、艺术作品、影像和声音记录等，均受到物理形态的限制，这导致它们的传播范围有限。数字化转化后，这些文化资源可以通过网络快速传播，跨越地域和语言的界限，实现全球范围内的无障碍访问。互联网和移动通信技术的发展，进一步加速了这一过程。人们只需通过计算机、智能手机或其他移动设备就能随时随地访问和享受这些文化财富。

数字资源可以被无限复制而不损失质量，这一特性降低了复制和传播的成本。开源运动和各类知识共享许可协议的推广，如创意共享许可证，进一步推动了文化资源的自由共享。这不仅有助于文化知识的传播，还促进了跨文化的交流和创新。例如，数字图书馆、博物馆在线展览和虚拟现实体验等，使得公众可以更便捷地接触和共享原本难以触及的文化资源。

纸质文档、胶片照片和其他物理介质都有可能随时间退化，而数字化的资料可以通过合理的数据管理和备份，实现长期保存。通过使用稳定的存储介质和定期维护数据的健康状态，确保文化遗产得以传承。然而，这也带来了数字鸿沟的问题，即技术更新迭代速度快，存储格式和设备可能迅速过时，因此需要持续的技术更新和资源迁移来保持数据的可用性。

随着存储技术的进步和成本的降低，现在可以存储前所未有的数据量。这意味着不仅历史悠久的文化遗产可以数字化存储，新创作的文化产品也可以以数字形式保存并迅速传播。然而，海量存储带来的信息过载，也对资源的组织、检索和有效使用提出了挑战。这需要高效的元数据管理系统和智能的搜索引擎来辅助用户快速找到所需信息。

2. 拓展服务渠道，提高服务的深度和广度

通过建设网络平台，数字化公共文化资源极大地拓展了服务渠道。传统的公共文化服务往往受空间和时间的限制，而数字化服务打破了这些界限。无论是远程地区的用户还是时间有限的群体，都可以通过互联网随时随地访问丰富的数字化资源。这种服务渠道的扩展使得文化的普惠性得到了显著提高，文化服务真正做到了面向公众，不受限于物理距离。

在数字化环境下，文化作品可以通过多媒体、互动式展示等形式呈现，这不仅增加了用户的体验感，还有助于用户更深入地理解和感受文化作品的内涵。例如，虚拟现实技术的应用使得用户能够身临其境地体验历史场景或艺术作品，这种沉浸式体验远远超出了纸质图书或传统展览的范畴。

数字化不仅是将实体资源转变为数字形态，还包括了对文化内容的再创作和再利用。通过数字技术，可以将不同的文化元素组合创新，制作出新的文化产品，满足不同用户群体的个性化需求。此外，数字化公共文化资源可以实现跨文化、跨语言的交流，为全球用户提供服务，促进了不同文化的交流和理解。

此外，数字化公共文化资源还有利于数据的收集和分析，从而更科学地指导文化服务的优化和提升。通过用户行为分析、大数据技术等手段，文化服务提供者可以准确把握用户需求，评估服务效果，持续改进服务内容和形式，实现服务的个性化和精准化。

虽然数字化公共文化资源在拓展服务渠道、提高服务深度与广度方面具有诸多优势，但其发展也面临着数字鸿沟、版权保护、信息安全等挑战。这就要求相关部门在发展数字化公共文化资源的同时，注重策略的制定和问题的解决，以实现文化服务的可持续发展。

3. 构建公共文化服务需求的反馈机制

数字化文化资源允许即时反馈的实现。在传统文化资源交流中，受众的反馈通常存在时滞，而数字化环境下，用户可以通过评论、点赞、分享等形式，实时表达其对文化产品的看法和感受。这种即时反馈为文化资源的提供者提供了快速识别受众需求和偏好的途径，使其能够及时调整和优化文化资源的展示和传播策略。

现代数据分析技术可以对用户行为进行深入挖掘，从而帮助文化管理者了解哪些内容更受欢迎、用户在何时最活跃，以及用户偏好何种互动方式等。这些数据不仅能够评估文化资源的影响力和受众覆盖度，还可以指导文化产品的

创新发展方向。

互联网的去中心化特性赋予了数字化公共文化资源在反馈机制上的独立性。在传统模式下，文化反馈往往需要通过第三方机构或媒体进行传递，这可能会导致信息传播的延误甚至失真。然而，在数字化环境中，文化消费者可以直接与文化创作者或文化资源管理者进行交流，消除了信息传递中的障碍，保证了反馈的真实性和有效性。

此外，数字化公共文化资源的社群特性促进了群体反馈的形成。用户在社交媒体平台、论坛和评论区形成社群，通过集体讨论产生群体智慧，为文化资源的改进提供了集体反馈。这种群体反馈不仅丰富了反馈内容，还有助于塑造积极的文化交流氛围，鼓励更多用户参与文化资源的反馈过程。

数字化公共文化资源的多元化表现形式也扩展了反馈的维度。不同于单一的线下文化体验，数字化文化资源通过音频、视频、图文等多种媒介形式丰富了用户的体验。因此，文化资源提供者可以从多个角度获取反馈，如用户对于不同媒介形式的偏好、互动模式的选择等，为提供更为个性化和多样化的文化产品提供了依据。

普遍的互联网接入和移动设备的普及，使得数字化公共文化资源的反馈机制具有普遍性和延展性。文化资源不再局限于某一地区或固定的受众群体，全球范围内的用户都可以访问和反馈，这大大扩展了文化交流的边界，也让文化资源的改进和创新具有了全球视角。

（二）高新信息传播技术下数字化公共文化服务体系建设思路

1. 充分利用数字化公共文化服务体系的主渠道

数字化公共文化服务体系应以用户为中心，关注用户的实际需求和体验。通过数据分析和挖掘，了解用户的文化喜好和消费习惯，进而提供个性化的服务推荐。例如，图书馆可通过分析用户的借阅记录和在线阅读行为，为用户推荐相关书目和资料；博物馆和展览馆则可以根据用户的历史浏览记录和偏好，提供定制化的展览信息和互动体验。

借助现代信息技术，可以构建跨机构的文化资源共享平台，实现资源的互联互通和深度融合。例如，通过数字化手段实现书籍、档案、文物等资源的数字化，不仅可以跨越地理和时间的限制供用户使用，还可以通过数字平台实现不同机构之间的资源整合和优化配置。

在线服务具有不受时间和空间限制的优势，能够极大地拓宽服务的覆盖面和影响力。数字化公共文化服务应涵盖电子书籍、在线课程、虚拟展览、网络直播等多种形式，使文化内容传播更为广泛和便捷。例如，开发移动应用程序，集成电子阅读、在线学习、文化活动预约等功能，为公众提供"指尖上"的文化服务。

随着数字化服务不断丰富，公众的数字素养直接影响到数字化服务的使用效果。因此，公共文化服务机构应组织开展数字素养提升课程，教育公众如何安全、有效地使用数字化服务，提高公众利用数字化工具获取文化信息和知识的能力。

数字化公共文化服务体系的建设和运营需要大量的资金和技术支持，因此，探索多元化的资金筹集和运营模式至关重要。此外，还需密切关注技术进步带来的机遇和挑战，定期对服务平台进行升级和维护，确保服务质量不断提升，并适应时代的发展需要。

2. 充分利用新媒体平台

通过微博、微信、短视频平台等社交媒体的推广使用，可以实现公共文化服务信息的即时更新与快速扩散，增强公共文化服务的时效性和普及性。例如，博物馆利用社交媒体发布展览预告、藏品介绍、在线讲解等，可以吸引更多的关注，扩大参与度，提高公众对文化活动的认知和参与率。

利用大数据分析、用户行为研究等技术，可以准确把握不同用户群体的文化需求和喜好，推荐个性化的文化内容和服务。例如，数字图书馆平台能够根据用户的阅读历史推荐相关书籍，提供个性化的阅读体验。同时，新媒体平台还能通过用户反馈收集意见，不断优化服务内容，提高服务质量。

传统的公共文化服务形式相对单一，而新媒体平台可以结合音频、视频、文字、图片等多种形式，提供丰富多样的文化产品和服务。互动性则体现在用户可以通过评论、点赞、分享等方式参与文化服务的传播与交流，增强文化体验的参与感和满足感。

此外，新媒体平台还有助于强化公共文化服务的社教功能。通过线上课程、在线研讨会、互动问答等形式，可以有效进行文化知识的普及和文化素养的提升。例如，利用直播平台进行公开课、讲座等活动，可以打破地理空间的限制，使更多的公众能够享受高质量的文化教育资源。

当然，要充分利用新媒体平台，还需注意以下几点：一是保障内容的高质量和权威性，避免错误信息的传播；二是重视版权保护，尊重知识产权，防止非法复制和传播；三是加强平台监管，维护良好的网络文化环境；四是注重用户隐私保护，确保用户信息安全。

3. 推进数字图书馆建设

在全球数字化转型的大背景下，数字图书馆作为公共文化服务的重要组成部分，承担着提升信息获取效率、促进知识共享与文化传承的重要角色。推进数字图书馆建设，不仅需要高度的技术支撑，还需要全面的战略规划和深入的文化理解。

数字图书馆不仅仅是传统图书馆的数字化扩展，更是一种全新的、互动性强的文化服务平台。其核心目标在于通过数字技术的应用，为广大用户提供无时空限制的信息获取、知识学习和文化体验服务。为此，必须在公共文化服务体系内赋予数字图书馆清晰的功能定位，包括但不限于知识的存储与检索、数字资源的展示与传播、文化教育的支持与促进等。

建设高质量的数字资源库是推进数字图书馆建设的核心。这要求从内容采集、资源整合到版权管理和用户体验等多个方面进行全面考虑。内容采集要注重广度与深度，既要收录各类图书、期刊、手稿等传统文献，也要及时更新和收录电子书籍、学术数据库、多媒体素材等数字内容。资源整合上，要通过跨领域的合作，打破资源孤岛，实现资源共享。版权管理必须合法合规，在维护作者利益的同时，确保内容的合理流通。用户体验方面，需提供友好的界面设计和高效的检索系统，保障用户能够轻松访问和使用资源。

随着人工智能、大数据、云计算等技术的快速发展，数字图书馆建设应充分利用这些前沿技术，不断提升服务能力。例如，利用大数据分析用户行为，为用户提供个性化的推荐服务；应用云计算技术，实现数据存储和计算资源的弹性扩展；运用人工智能技术，优化资源检索算法，实现自然语言处理和语音识别，增强与用户的互动体验。

国家和地方政府应制定相应的扶持政策，为数字图书馆的建设和运营提供必要的财政资助和政策指导。此外，还可以探索多元化的资金筹集渠道，如公私合营、社会捐赠、服务收费等，以确保数字图书馆建设项目的长期稳定发展。

强化人才队伍建设是推进数字图书馆事业发展的关键。需要培养一批既懂图书馆业务又精通信息技术的复合型人才，以及专业的数字资源管理和服务人才。同时，现有图书馆员工的培训升级也不容忽视，他们需要了解数字资源的特点和用户需求，熟悉数字图书馆的运作模式，才能更好地服务于公众。

（三）数字化公共文化服务体系建设的路径与探索

1. 提高认识，高度重视，加大投入力度

提升数字化公共文化服务体系是提升我国软实力的关键一环。因此，此项工

作应当纳入党委和政府的重点工作范畴内，确保在议事日程和考核指标中占据重要位置。为此，需成立跨部门合作的领导小组，涵盖党委、政府及宣传、文化、人事等相关部门，共同推进工作进程。财政支持同样不可或缺，必须保证从省到乡各级的设备采购与运营经费得到充分保障，并在地方预算中专门划拨维护及运营资金，确立长效的资金保障机制。

2. 明确定位，加强统筹规划，统一行业标准

经验表明，在信息化建设中，若缺乏一致的规划和标准，往往会出现资源孤岛和冗余建设的问题。为了创建一个高效的数字化公共文化服务系统，必须首先清晰界定其功能和目标，广泛征求意见，制定全面而统一的规划和标准。建立一个涵盖技术、管理与服务等多方面的标准化框架是至关重要的，这样的框架应具备开放性和针对性，为共建共享的文化服务打下坚实基础。此外，将现行的有效规范推广为行业标杆，并贯穿于建设的全过程，可显著提升公共文化服务系统的标准化质量。我们还需从更高的视角出发，实现文化与信息技术的深度融合，打造完整的文化产业生态，从而实现文化与经济发展的良性循环。

3. 明确责任，加强机制建设，抓好协同推进

建设一个高效的国家数字化公共文化服务体系，关键在于形成统一的领导、沟通和协作机制。党委和政府需要发挥中心领导角色，而相关部门需承担具体的执行任务，确保部门间的有效联动和资源共享。只有这样，我们才能实现一个结构合理、服务便民、资源丰富、特色鲜明的公共文化资源体系。各职能部门还需通过制定实施细节、责任分配、任务分解、签订责任书等措施，确保对于基础建设、建设规范、财政支持、人员培训和服务标准等方面都有清晰的目标和要求。

四、三网融合与数字化公共文化服务体系建设

（一）三网融合的概念

三网融合是一种广义的、社会化的说法，是指在广播电视网、电信网、互联网向数字电视网、宽带通信网、下一代互联网演进的过程中，三大网络通过技术改造，在技术层面上趋向一致、业务范围趋于相同，在网络层面实现互联互通、资源共享，为用户提供语音、数据和广播电视等多种服务。三网融合在应用层面使用统一的网际互连协议（IP），在业务层面相互交叉和渗透，在经营层面相互合作。三网融合实现了终端多样化，包括电视、互联网、手机及各种移动设备，各种终端设备之间相互交叉，形成"你中有我，我中有你"的格局。

（二）三网融合在数字化公共文化服务体系建设中的意义

从本质上说，三网融合是传播领域的一种技术进步。它能够实现"一个平台内容，多个终端接收"的设想，具有整合性、快速性、跨地域性等特点。这些特点既满足了基层群众对丰富多彩的文化内容的需求，又给广大人民群众提供了先进的信息资源。从这两点上来说，三网融合的实现可以打破城乡"二元化"结构，缩小城乡之间的差距，在某种程度上也对基层文化产业的发展起到了促进作用。因此，三网融合在基层公共文化服务体系建设中的实现意义重大。

1. 丰富公共文化内容和服务

国家向来重视基层文化建设，为了将优秀的文化产品送入基层、深入农村，国家已陆续在全国范围内尝试开展各种文化惠民工程，并取得了可喜的成绩，大大丰富了百姓的精神文化生活。但是，我国农村人口多、分布广，要想在短期内达到公共文化服务全覆盖并不容易。三网融合的实现为百姓提供了更加丰富的文化内容、科普知识和信息资源。

三网融合还实现了百姓从被动"送文化"到主动"选文化"的转变。虽然国家的各种惠民工程给百姓尤其是偏远地区的群众送去了文化产品，但是这些文化内容百姓是否喜欢我们却无从知晓。三网融合后，群众可以根据自己的喜好，通过多种终端收看到几十套甚至上百套节目，而且这些节目可以被点播和存储。三网融合为基层群众尤其是农村百姓带来了先进的信息资源，使百姓可以通过电视终端进行信息浏览，获得农民务工、科技讲座、天气预报等有益的信息内容。另外，三网融合还实现了电视节目的网络传输，使百姓可以通过电视、互联网、手机等多个终端随时随地观看农业科普知识，有效地解决了当地有节目内容、无接收设备覆盖的错位问题。

2. 缩小城乡差距

从文化资源角度来说，城市与农村的区别主要在于文化产品的数量和质量差距较大。以公共文化基础设施为例，一般省会城市的图书馆面积、馆内藏书量，以及文化馆、博物馆的展品量都是县级以下城市和农村的几倍甚至数十倍。从信息资源的角度来讲，城市的网络覆盖率、公共场所的数字化设备水平都远远高于农村地区。

三网融合的实现打破了地域限制，克服了空间面积问题，打破了终端设备接收障碍。以县级图书馆为例，三网融合后，县级图书馆与上级城市甚至国家图书馆电子资源共建共享，极大地丰富了藏书量；电子资源比例增大，纸质印刷型文献资料逐渐实现数字化，不再要求扩大图书馆面积，仅县级图书馆的面积就足以满足本县群众的文化需求。三网融合的最大特点是"三屏合一"，本县群众只要通过身份认证便可以利用电视、互联网、手机等设备自由查询个人所需资料。图书馆还充分利用无线网络、交互式电视（IPTV）、移动多媒体、手机等终端形成立体服务体系，与多媒体阅览、电子信息传递、网络资源共享等服务一起，极大地拓宽了图书馆的业务范围。三网融合在我国基层的全面覆盖，不仅可以缩小文化基础设施方面的差距，也可以跨越城乡之间的数字鸿沟。

3. 促进基层文化产业发展

当前，我国县级以下城市将文化作为产业经营的城市并不多见。大体来说，东部经济发达地区要强于中部和西部欠发达地区。很多县级城市民间文化资源丰富，但是却未形成任何具有经营性质的文化产业，甚至在政府工作报告中都未涉及文化产业的情况。可见，即使有文化、有资源，也不一定能形成产业为其经济发展作贡献。三网融合的技术手段，可以将该地区所拥有的文化资源进行数字化处理，一来可以加大对当地文化资源的宣传；二来也丰富了当地的公共文化服务内容，可谓一举两得。

（三）三网融合发展数字化公共文化服务体系建设的具体途径

1. 加强基础网络设施建设

在宽带网络覆盖、5G 技术应用和云计算基础设施等方面进行投入和升级，确保公共文化服务的便捷性和高速性。同时，注重边远地区和乡村的信息化建设，确保文化服务覆盖面的广泛性和公平性。

2. 提升数字内容的生产与供给能力

鼓励和支持文化机构、企业和个人创作数字化文化产品，如电子图书、在线课程、虚拟博物馆等，推动传统文化资源的数字化转型。重视版权保护和知识产权管理，建立健全的数字内容市场体系。

3. 实现多渠道文化资源共享

推动图书馆、博物馆、艺术馆等公共文化服务机构资源的线上共享，发展跨平台的文化内容聚合服务，利用大数据分析和云技术实现资源的精准分发和个性化推荐。

4. 加大智慧文化服务体验的创新

利用增强现实（AR）、VR 等先进技术丰富公共文化服务的交互性和沉浸感，开发一系列智能化的文化服务应用，提升公众的体验感和参与度。

5. 强化平台治理与服务监管

建立健全网络文化内容监管体系，确保网络文化环境的清朗。加强数字化公共文化服务评估体系建设，实施质量标准和服务指南，不断提升服务质量和效率。

第五章　现代公共文化服务与公共艺术

本章主要从以下三个方面展开分析：公共艺术概述、基于现代公共文化服务的公共艺术管理机制、基于现代公共文化服务的公共艺术评价机制。

第一节　公共艺术概述

一、公共艺术基本概念

（一）公共艺术的定义

公共艺术是指在公共空间中创作、展示或呈现的艺术作品，旨在与公众互动、启发思考、提供美学体验，并丰富城市和社区的文化环境。

（二）公共艺术的类别

1. 雕塑

雕塑作品通常是三维的，可以是石雕、铜像、钢铁结构等，用于在公共空间中营造独特的氛围。

2. 壁画

壁画是在建筑物的外墙上绘制的大型绘画作品，可以传达各种主题和故事，为城市增添色彩。

3. 装置艺术

装置艺术是使用多种材料和媒介创作的艺术作品，安装在公共场所，以创造出与环境互动的独特体验。

4. 街头艺术

街头艺术是指在城市街道、巷弄等公共区域创作的艺术作品，包括涂鸦艺术、贴纸艺术、立体艺术等。

5. 公共装饰

通过在公共空间中添加艺术元素，如彩虹人行道、装饰性路灯等，提升城市环境的美观度。

6. 数字艺术

利用技术手段创作的数字艺术作品，可以以投影、屏幕、互动装置等形式展示在公共场所。

二、公共艺术与公共文化服务的关系

公共艺术的发展历程可以追溯到古希腊和古罗马时期，当时的雕塑和建筑就是为了在公共空间中展示和欣赏。在现代，公共艺术的发展与城市化的进程密切相关。20世纪以来，公共艺术逐渐从传统的雕塑和绘画发展出多种形式，如装置艺术、数字艺术等。同时，公共艺术也开始关注社会和政治议题，并逐渐成为城市文化的标志之一。

公共艺术与公共文化服务之间存在着紧密的关系。公共文化服务是指政府和其他组织为公众提供的文化资源和服务，旨在促进文化教育和文化交流。公共艺术则是公共文化服务中的一个重要组成部分，它不仅可以为公众提供美学体验，还可以作为文化教育的一种方式。公共艺术作品可以在城市中引发讨论和反思，促进公众对社会问题的关注和理解。

政府也将公共艺术视为提供公共文化服务的一种方式，并且在城市规划和建设中给予了越来越多的关注。政府可以通过购买或委托艺术家创作公共艺术作品，为城市增添美感和文化价值。此外，政府还可以将公共艺术作品作为城市重要景点之一，吸引游客，促进城市经济发展。

第二节　基于现代公共文化服务的公共艺术管理机制

一、公共艺术管理机制的内涵、目的和意义

（一）公共艺术管理机制的内涵

公共艺术管理机制是一个相对现代化的概念，它内涵丰富、边界交错，在不同的文化和政策背景下有着各异的实践与解读。在探讨这一概念之前，首先需要

对"机制"与"制度"这两个经常被交替使用但又具有细微差别的术语进行界定。机制通常指的是某个系统内部各个部分如何相互作用的具体方式和过程，而制度更强调规则、法则或习惯的集合，它们为社会成员的行为提供了框架和指南。虽然两者在功能上有所交集，但机制更侧重于动态过程，制度则侧重于静态结构。

将这一理论框架应用于公共艺术的管理，我们可以将"公共艺术管理机制"解释为涉及政府、社会、艺术家及观众等多方主体的一系列动态互动过程，这些过程旨在实现公共艺术的有效创作、展示、维护和审美教育等目标。与此相对应的"公共艺术管理制度"则强调确立公共艺术项目的法规、政策、标准和程序等，为管理机制的顺利运行提供支持。

因此，公共艺术管理机制涉及一系列旨在规划、实施和维护公共空间艺术项目的策略和过程。该机制不仅包括艺术品的物理安装，还包括从理念产生到作品维护的完整生命周期管理。作为城市和社区环境的组成部分，公共艺术旨在提升公共空间的美学价值，刺激公众对环境的认同感，促进社会互动，并在某些情况下，也作为社会政治议题的交流平台。管理这些艺术项目需要一个多方面的战略框架，确保它们的可持续性和相关性。马钦忠在《公共艺术的制度设计与城市形象塑造：美国·澳大利亚》一书中对美国百分比艺术条例、联邦艺术计划、国家艺术基金、加拿大文化政策作为公共艺术制度一起进行了系统考察。在马钦忠的观念中，"法律制度、艺术规划、艺术财政、文化政策都属于制度范畴"。[①]

作为一种文化现象，公共艺术的存在和发展受到广泛且复杂的社会文化因素影响。尽管艺术在某些情况下触及社会制度层面，但公共艺术由于其公共性质，通常不直接参与制度变革，而是在文化体制的框架内发挥作用，文化体制则为公共艺术提供发展的基础和边界。

文化体制、管理机制和艺术政策是支撑公共艺术发展的三大支柱，它们相互影响、相互制约，共同塑造公共艺术的面貌和功能。文化体制包括文化的生产、分配、交流及消费的方式，决定了艺术的创作环境和发展方向。公共艺术的发展受到文化体制的直接影响，这种影响体现在艺术创作的自由度、艺术品的多样性及艺术家的社会地位等多个方面。开放的文化体制倾向于鼓励创新和试验，给予艺术家更大的自由空间，从而催生出更加多元和包容的公共艺术。相反，封闭或保守的文化体制可能限制艺术的表现形式和内容，从而影响公共艺术的质量和社会效应。管理机制涉及公共艺术项目的策划、执行、监督和评估等环节。一个高

---

① 马钦忠. 公共艺术的制度设计与城市形象塑造：美国·澳大利亚［M］. 上海：学林出版社，2010.

效的管理机制能够确保公共艺术项目的顺利进行，包括资金的筹集、艺术家的选拔、作品的制作和安装，以及后期的维护和管理等。公共艺术的管理机制必须能够处理好艺术创作的自由与公共利益之间的关系，兼顾艺术家的创作意愿和公众的接受程度。此外，管理机制还应关注艺术作品与环境的融合问题，确保公共艺术真正成为提升城市文化品位和居民生活质量的有效工具。艺术政策则是国家或地方政府为指导和调控公共艺术发展所制定的一系列政策措施。艺术政策的制定反映了政府对文化艺术价值的认识和重视程度，直接影响公共艺术的质量和发展速度。通过财政资助、税收减免、法律保护等措施，艺术政策为公共艺术的创作和展示提供了必要的支持。艺术政策还包括对艺术教育的投入和对艺术研究的支持，这些都是提高公共艺术整体水平的重要因素。

在研究管理机制与艺术政策的交互作用时，我们会发现两者之间存在一定程度的范畴模糊性。这种模糊性主要是由艺术政策的制定与实施过程中所涉及的多元利益和复杂人际关系导致的。因此，谈及管理机制与艺术政策的关系时，必须对其进行多方面论述，以揭示它们之间互相作用与转换的临界点。在执行层面上，管理机制和艺术政策往往由不同的机构负责，可能导致在决策和执行过程中出现职能重叠或冲突。例如，艺术政策可能鼓励创新和自由表达，但实际的管理机制可能因为过于严格的审查制度而限制了艺术表达的自由，从而在实际执行中产生矛盾。在目标导向上，艺术政策和管理机制都旨在促进艺术的发展，然而在具体操作上往往又会出现差异。艺术政策普遍更注重宏观层面的艺术发展目标，如提升国家文化软实力；管理机制则更多关注艺术市场和艺术教育的具体执行情况，这种差异有时会导致两者在实际操作层面上的不协调。在影响因素上，由于艺术政策易受时政变化和文化导向的影响，其灵活性和适应性要求高于管理机制。管理机制相对固定和程序化，但当艺术政策发生变动时，管理机制的调整往往滞后，这种滞后会造成在一段时间内政策与机制不同步的现象。在解释与理解上，由于艺术活动本质上具有高度的主观性和创造性，管理机制与艺术政策的具体应用往往需要根据实际情况进行灵活解释。这种灵活性有时会导致规则的执行变得不一致，从而增加了政策与机制之间界限的模糊性。

（二）公共艺术管理机制的目的

由于"公共艺术的任务就是在公共空间中通过对现代城市环境的艺术再创造而形成集体的审美对象"。[①] 作为文化表达的一种形式，公共艺术在城市环境、社

---

① 孙明胜. 公共艺术的观念 [J]. 文艺理论与批评，2007（2）：109-111.

区空间和民众日常生活中扮演着独特而重要的角色。其文化内涵的核心，在于如何有效地将艺术融入公共领域，使之不仅仅是精英或特定群体的专属，而是成为广泛社会成员共享的文化财富。这种文化财富的共享体现在公共艺术活动及其建设事业的民主化、法制化与程序化运作中。

民主化是指公共艺术的建设与决策过程应当充分反映公众意愿与参与。作为人类情感和理性的集中体现，艺术在公共空间的展示和建设，必须依托广泛而有效的民意基础。通过民众投票、社区讨论会等多种形式，使得公共艺术项目符合多数人的审美需求和文化期待，真实地代表和服务于社会公众的艺术偏好与文化需求。法制化所指的是建立和完善公共艺术领域的相关法律法规，确保艺术的公共属性不被侵害，同时维护艺术家的创作权益和公众的文化权益。这些法律制度应当明确公共艺术建设的标准与流程、资金使用的透明度、作品的版权归属及其保护措施，以及公众参与的权利与方式等。法律的约束和保障，使得公共艺术的发展既遵循专业的艺术规范，又不脱离社会法治的框架。程序化则关注公共艺术项目的规划、实施和评估等全过程都应遵循一系列公开透明、标准化的操作步骤。从艺术作品的选型到最终的展示安装，每一个环节都需要有明确的程序和标准来指导和监督，确保项目能够有序推进，避免因管理不善或利益冲突导致的资源浪费和社会争议。

公共艺术的文化内涵及其核心价值的真正实现依赖于一个多方参与、多层次管理、多维度服务的公共艺术生态系统。这个系统应当兼顾艺术的独立性与公共性，既重视艺术本身的创新与表现力，又强调艺术服务于社会的功能性和普惠性。要构建这样一个系统，就必须通过相关的特定法律制度，将艺术建设与实际运行纳入民主化、法制化及程序化的轨道。这不仅仅有助于优化公共艺术资源的配置和利用，更是提升公共文化服务质量、推动社会文明进步的关键所在。

作为城市文化的重要组成部分，公共艺术反映了一个国家和社会的文化水平与审美趣味。当前，中国公共艺术领域存在的问题多种多样，涉及创作理念、作品质量、管理机制等多个方面。这些问题的存在，使得公共艺术很难充分发挥其应有的社会功能和文化价值。公共艺术作为一种文化现象和社会实践，其价值不仅在于艺术本身的审美价值和社会教育作用，还在于它涉及的公共利益和社会参与问题。民主管理是现代社会治理的基本原则之一，它要求在公共事务管理中体现民众的意愿和参与。在公共艺术的出台过程中，民主管理的实施，能够从多方面为公共艺术的发展提供保障。

因此，探讨并建立一套体现民主观念的公共艺术运作机制和管理方法，不仅仅是解决现有问题的根本途径，更是公共艺术健康发展的必要保障。公共艺术的价值不仅仅在于其艺术性，更在于其公共性，即服务社会、教育公众、促进社会和谐的功能。民主化的管理方法能够保障公众对公共艺术的广泛接受，促进艺术与社区环境的和谐融合，增加社区居民的归属感和自豪感，提升公共艺术的综合社会效益。

城市建设的长远规划，涉及公共艺术管理机制问题。各城市如雨后春笋般涌现的公共艺术，大多发生于不同出资人的需要，这意味着公共艺术的产生长期属于民间自发行为，只要有钱有地，无须严格申报，均可决定各种雕塑、壁画。中、小型雕塑的立项权，大多在基层街道社区，分别建造的雕塑、壁画往往自说自话，主题、题材、体量、形式、风格要么重复要么对立，没有级差、密度、和谐化的总体调控，显得分外杂乱、零散、无序。另外，公共艺术的"同质化""非艺术化""形象工程化"和"快餐化"现象时有出现，公共艺术的创作一旦脱离了艺术的精神，成为文化的快餐和应景之作，那就脱离了它真正的使命和神圣的意义。这种局面对城市建设中理想化的景观构成了巨大的破坏。由此可见，公共艺术管理亟待进一步完善机制及制度模式，力求使之在城市建设中发挥更加积极的作用。

（三）公共艺术管理机制的意义

公共艺术的发展需要一定的管理机制作为载体，良好的管理及运作机制使公共艺术运作系统处于自适应状态，并成为一种既反映艺术家个人创造力又满足公众审美需求的、既具有地域性又具有时代性的、既注重艺术内涵又注重社会功能的综合体。这种形态的公共艺术不仅提高了城市的文化质量，还促进了艺术与社会的互动与融合，进而提升了公众的艺术审美能力和文化素养。公共艺术的实施，通常被理解为艺术家或设计团队在公共空间中安置艺术作品的过程，旨在美化环境、提升城市文化氛围，并为公众提供免费的艺术享受。然而，这一行为超越了纯粹的艺术创造，涉及了更为复杂多维的经济层面，其实质是一系列经济行为的集合体。此外，艺术作品的公共性质要求建立有效的公共艺术管理机制，以确保这些作品的长期价值和影响。进一步来说，公共艺术作为经济行为的一个体现，其价值并不仅仅体现在直接的经济回报上，更在于能够通过公共艺术的引入来推动社区的活力，增强公众的参与感，以及在教育和社会意识形态方面发挥深远的影响。例如，一些公共艺术项目通过反映社区的历史和文化，进一步促进社区的凝聚力，提升其独特性，这种社区品牌的塑造对于经济的长期发展同样至关重要。

在这样一个复杂的过程中，公共艺术管理机制的建立显得尤为重要。有效的管理机制应该包括艺术项目的评审制度、资金管理规范、维护保养机制及利益相关者的沟通协调平台。没有这样的管理体系，公共艺术项目容易受到资金流失、作品损毁、法律纠纷等风险的影响，难以实现其长期价值和预期目标。

公共艺术的起源可以追溯至古代文明时期，当时的雕塑和壁画多分布在宫殿、庙宇及广场等公共空间，它们既是工艺技术的展示也是权力的体现。到了中世纪，欧洲的城市广场成为公共艺术的新舞台，喷泉、雕像和壁画成为城市生活的一部分，而这一时期的公共艺术更多地反映了市民阶级的价值观和美学趣味。随着工业革命和城市化的进程，公共艺术进入了现代发展的阶段。19世纪末至20世纪，随着公共空间概念的扩大与民主思想的渗透，公共艺术开始越来越多地服务于公众利益而非仅仅是彰显权力。艺术不再仅限于精英阶层，而是逐渐成为普罗大众文化生活的一部分。在这个时期，政府和私人机构开始出资设立公共艺术项目，艺术品的选择和放置过程也更加注重公众参与和社区互动。

公共艺术管理机制的形成和演变与公共艺术的发展紧密相连。在个体层面上，公共艺术首先作为一种审美对象存在。它通过视觉、听觉甚至触觉等方式，丰富个体的感官体验。公共艺术作品的多样性使得每一位观者都能在不同的作品中找到共鸣，它能够激发个体的想象力和创造力，提升个体的审美水平，从而提高个体的生活质量。此外，公共艺术作为公共领域的一部分，它的开放性使得所有人有机会接触到艺术，这种普及性对于扩大艺术的影响范围、提升公众的艺术欣赏能力具有重要作用。同时，公共艺术还能够作为个体认同和记忆的媒介，许多标志性的公共艺术作品成为人们共同记忆中的符号，如自由女神像等，它们不仅仅是艺术品，更是人们共有历史和文化的象征。在社会层面，公共艺术的作用则更为多元。它不仅美化了城市环境，增强了城市的文化氛围，还能够反映和塑造一个城市乃至国家的文化形象和城市品牌。公共艺术作为城市的"软实力"，对提升城市竞争力起到不可忽视的作用。同时，公共艺术也是社会价值观、政治态度和文化理念的传达者。通过公共艺术的创作和展览，社会能够对某一特定的文化议题或社会事件进行反思和讨论，从而形成更加开放和多元的社会对话空间。此外，公共艺术的互动性强化了社区的凝聚力。透过参与公共艺术项目的创作或互动体验，社区成员能够增进彼此的理解和沟通，共同构建社区文化和社会认同。

欧洲早期的公共艺术管理多由宗教机构或王室控制，现代的公共艺术管理则呈现出多元化趋势。20 世纪中叶以来，许多国家和地区开始建立起专门的公共艺术机构，负责规划、评审和维护公共艺术项目。这些机构往往涉及跨领域的专业人士，包括艺术家、策展人、城市规划师和社区代表等，他们协商艺术品的选址、审批艺术项目、监管安装过程及其后期的维护工作。随着社会对环境、历史遗迹的保护意识增强，公共艺术管理也开始强调可持续性和敏感性。艺术作品与自然环境的和谐共存，以及对文化遗产的尊重，成为评估公共艺术项目的重要标准。这一管理理念的更新，体现了公共艺术与社会进步同步发展的趋势。

在 21 世纪，信息技术和社交媒体的发展为公共艺术管理带来了新的挑战和机遇。艺术作品的数字化和网络化使得公共艺术可以跨越传统的物理空间限制，触达更广泛的观众。同时，公众可以通过网络平台参与艺术项目的讨论、评审和反馈，从而使公共艺术管理过程更加民主化和透明化。在信息时代、网络时代背景下，公共艺术的发展呈现出了多样化和普及化的特征，同时也对公共艺术的管理机制提出了新的要求。信息技术的广泛应用使得艺术创作更加依赖数字化工具，艺术家通过软件、数字编辑和虚拟现实等技术手段，创作出前所未有的艺术作品。这些作品往往具有互动性和体验性，突破了传统艺术的空间和时间限制，为观众提供了全新的艺术体验。此外，互联网的普及和社交媒体的兴起，让艺术作品能够迅速在全球范围内传播，并且公共艺术项目可以借助网络平台进行众筹，增强了公众对艺术项目的参与感和归属感。公共艺术在网络空间的虚拟展示和交流，打破了地域界限，让更多人能够接触到不同文化背景下的艺术作品。

公共艺术发展的新特征，对公共艺术管理机制也提出了新的要求。管理机构需要适应数字化趋势，建立相应的信息化管理系统，对公共艺术项目进行科学规划、监督和评估。同时，应加强版权保护制度，确保在数字化和网络化环境下艺术家的知识产权得到有效维护。此外，管理机构还应鼓励公众参与公共艺术的创作和评价过程，建立起更为开放和互动的公共艺术环境。

公共艺术管理机制也应重视艺术教育和普及工作，借助网络平台进行艺术知识的推广和教育，提高公众的艺术审美能力和文化素养。管理机构还需要与时俱进，充分利用大数据、人工智能等现代信息技术，对公共艺术的发展趋势进行分析，为艺术创作和管理提供科学的决策依据。

公共艺术管理机制应积极响应社会发展需求，促进公共艺术与城市发展、社区建设和文化旅游的融合，发挥公共艺术在提升城市形象、丰富市民文化生活等方面的作用。同时，还应关注公共艺术在促进社会包容性、文化多样性和创新能力等方面的积极作用，为构建和谐社会贡献力量。

二、公共艺术管理与现代公共文化服务的关系

公共艺术的管理是现代公共文化服务体系中的一项重要内容，其在提升城市文化魅力、改善公共空间品质及促进社会文化发展等方面起着至关重要的作用。公共艺术与公共文化服务之间存在着密切的相互关系，这可以从多个维度加以探讨。

（一）理念层面

公共艺术管理所倡导的文化普及与提升同现代公共文化服务的宗旨是一致的。公共艺术是无处不在的，它透过雕塑、壁画、装置艺术等形式存在于城市的公园、广场、交通枢纽及其他公共场所中。这些艺术作品不但美化了城市环境，而且使文化艺术得以走进寻常百姓的日常生活，增进了公众的文化获得感和幸福感。公共艺术管理关注的是艺术作品的选择、安装、维护及其与公众互动的方式，这正是现代公共文化服务所追求的，即让文化艺术为大众所享有。

（二）功能层面

公共艺术通过其公共性和艺术性，对现代公共文化服务的功能进行了扩展和深化。公共艺术作品通常具有较强的视觉冲击力和思想深度，能够启发公众的想象，引发情感共鸣，同时也是传达社会价值观、历史记忆和公民意识的载体。公共文化服务通过包括公共艺术在内的各种文化活动和设施，不仅满足了公众的审美需求，还成了进行文化教育、促进社会凝聚力的重要手段。

（三）实践层面

公共艺术管理与公共文化服务之间的关系体现在公共艺术项目的规划、实施和评估过程中。公共艺术项目的实施需要专业的管理团队来协调艺术家、设计师、城市规划者和公众的利益，确保艺术作品能够和谐地融入公共空间，并且能够反映社区的特色和需求。这种跨领域的合作是现代公共文化服务中多元化、开放性强的特点的体现，也是提高公共文化服务质量的必要条件。

（四）社会效益层面

公共艺术管理通过有效的策划和运作，可以极大地促进文化的多样性和包容性，这是现代公共文化服务追求的目标之一。通过公共艺术项目，不同文化背景的群体可以有机会展示自己的文化特色，促进不同文化间的对话和理解，这对于构建和谐社会、推动文化交流和融合具有重要意义。

综上所述，公共艺术管理与现代公共文化服务之间存在着紧密的内在联系。

公共艺术管理的优化可以丰富公共文化服务的内涵和形式，而高质量的公共文化服务又能为公共艺术的发展提供坚实的社会基础。两者相辅相成，共同推进了社会文化的进步与发展。

三、基于现代公共文化服务的公共艺术政府管理

公共艺术不仅仅是城市环境的点缀，更是文化自信与创新精神的体现。公共艺术的发展反映了一种社会审美趣味的变迁，其健康有序的发展离不开有效的管理与引导。在这一过程中，政府作为社会公共事务的管理者和推动者，其参与的必要性体现在多个方面。

公共艺术的公共性决定了它不仅仅属于创作者，更属于社会和公众。在很多情况下，公共艺术项目往往涉及公共空间的运用，这要求规划和设计须考虑到城市的整体布局和环境协调性。政府在这一过程中负责提供场地、资金及相关政策的支持，确保公共艺术项目能够在不破坏公共利益和城市规划的前提下实施。同时，政府通过制定相关法规和政策，可以为艺术家创造一个公平竞争的环境，保障其知识产权，激发艺术创作的活力和创意。

公共艺术项目的实施往往涉及艺术家、社区居民、商业投资者等多方面利益。不同群体对于公共艺术的需求和期望可能存在差异，政府需要通过适当的调节和协调，确保公共艺术项目能在满足最广泛公众利益的同时，兼顾和尊重各个利益相关方的诉求。通过政府的参与，可以在全局的层面上进行规划和把控，避免局部利益的过度放大而忽视或牺牲公共利益。

公共艺术不仅具有审美功能，还承担着教育公众、传播先进文化的职责。政府可以通过公共艺术项目来弘扬社会主义核心价值观，传递正面的社会信息，促进公民的道德素质和审美情操的提升。例如，通过设置以历史事件或重要人物为主题的公共艺术品，可以加强民族认同感和历史责任感。同时，政府也可以通过公共艺术的推广使更多的群众参与艺术的欣赏和创造，提升公众的文化素质和创新能力。

公共艺术作品由于其公开展示的特性，很容易受到自然和人为因素的损害。政府不仅需要负责公共艺术作品的安全与日常维护，还要对受损作品进行修复和保养，以延长艺术品的寿命，保证其历史和文化价值得以传承。此外，政府还应当参与公共艺术的评估和监督工作，通过专家评审团的定期评估，保证公共艺术的质量和影响力，确保其能够有效地服务于社会和公众。

政府在城市建设中的角色既是权力的行使者，也是社会发展的引导者。在公

共艺术的范畴内，这一角色的发挥显得尤为重要，直接关系到城市文化的形态和市民生活质量的提升。

政府作为公共权力的代表，负有责任制定公共艺术的发展规划。这包括但不限于制定相应政策、法规，以确保公共艺术的发展与城市规划相协调，符合城市的文化定位和长远发展需要。通过规划，政府能够为公共艺术的落地提供明确的方向指引，避免无序发展导致的资源浪费与文化价值的稀释。

政府作为城市建设的主导者，应负责提供充分的经费支持。公共艺术项目通常需要大量资金投入，包括艺术品创作、展览、维护等环节。政府的财政支持是确保这些项目得以顺利实施的基础。同时，政府还可以通过税收优惠、资金补贴等激励措施，鼓励私人企业和社会组织参与公共艺术项目，共同促进城市文化环境的繁荣。

政府在公共艺术的推动中，还承担着社会教育与文化普及的职责。公共艺术作为一种文化展现形态，对于提升公众的审美能力、丰富市民的文化生活具有重要作用。政府可以通过组织各类公共艺术教育活动，如讲座、研讨会、工作坊等，普及艺术知识，提升公众的艺术鉴赏能力，从而培育和谐的城市文化氛围。

政府在公共艺术的管理与维护上也应发挥重要作用。这不仅是物理层面的维护，如艺术品的定期清洁与修复，还包括对公共艺术项目进行持续的监督与评估，确保其艺术价值和社会效益的最大化。这要求政府部门具备专业的审美能力和文化管理能力，以科学、专业的方式对公共艺术进行管理。

政府在公共艺术的实施过程中，应鼓励社会各界的参与。通过建立多方参与的平台，集合艺术家、设计师、学者及社会公众的智慧，以协作的形式推进公共艺术项目。在民众参与的过程中，政府既是协调者，也是引导者，通过有效调动社会资源，在确保专业性的同时，实现公共艺术项目的民主性、多样性和创新性。

综上所述，政府在公共艺术领域内应发挥综合性的作用，既要作为规划者和资助者为艺术创作提供制度和财政的支持，又要作为教育者和管理者，普及艺术教育，保证公共艺术的持续性与高质量。通过这些措施，政府将有效推动公共艺术的健康发展，进而提升城市的文化软实力，增强市民的文化获得感，为打造具有鲜明时代特征和地方文化特色的城市环境奠定坚实基础。

四、基于现代公共文化服务的公共艺术社团管理

（一）专家学者

专家学者的参与不仅有助于提升艺术项目的质量，还能为社团的发展方向提

供专业指导，确保艺术活动的有效性和可持续性。

首先，专家学者在艺术领域拥有深厚的背景和丰富的理论知识，能够对艺术作品的创作提出建设性的意见，指导艺术家创作出更具深度和广度的艺术作品。他们对艺术史、流派特征及审美理论的深入理解，为艺术创作提供了丰富的参考和借鉴。

其次，专家学者在艺术社团管理决策中起到咨询顾问的作用。他们能够凭借丰富的经验和专业知识，为艺术社团提供关于项目选择、资金分配、活动策划等方面的专业意见。在项目实施过程中，这些专业意见往往能够帮助社团避免不必要的风险，提高资源使用效率。

再次，专家学者在促进公共艺术社团与外界关系的建立与维护上发挥着作用。他们的专业声誉和人脉资源能够帮助艺术社团建立起与政府、企业、其他艺术组织等各类机构的联系，为社团争取到更多的合作机会、资金支持和资源共享。这些外部关系对于艺术社团的长期发展至关重要。

最后，专家学者能为公共艺术社团提供培训和教育支持。通过举办讲座、研讨会和工作坊等形式，他们可以将最新的艺术理论和实践技巧传授给社团成员，有助于提升成员的专业素养和艺术修养。这不仅增强了社团成员之间的凝聚力，还提高了整体创作的质量和社团的专业形象。

此外，专家学者在评估和反馈艺术项目成效上具有不可替代的作用。他们能够客观地评价项目的艺术价值和社会影响，为社团提供反馈和改进建议。这种及时的反馈有助于艺术社团不断调整和优化项目，确保艺术活动的持续性和发展。

（二）非政府组织和非营利组织

非政府组织与非营利组织在公共艺术社团管理中扮演着举足轻重的角色，尤其是在文化推广、艺术教育及社区参与方面。它们由于独立于政府运作，能够提供不同的视角和创新的方法，对公共艺术的发展产生积极影响。随着社会对艺术价值认识的提升，这些组织在艺术领域中的作用越来越显著。

许多公共艺术项目需要昂贵的资金投入，而政府资金往往有限，这时非政府组织和非营利组织可以通过募集资金、接受捐赠和资助来填补资金缺口。此外，这些组织通常能够灵活运用资金，在不受政府预算限制或政策变动的影响下，保障艺术项目的稳定发展。

另外，非政府组织和非营利组织可以通过组织各种艺术展览、研讨会、工作坊和公共艺术项目，拓宽公众对艺术的接触与理解。这些活动不仅能增加公共艺术的可见度，还能促进艺术与公众之间的互动，提高公众对艺术的欣赏力和创造力。

非政府组织和非营利组织通常较为注重艺术项目在社区中的根植性，强调社区成员对于公共艺术项目的参与感和拥有感。通过这种方式，艺术不再是少数人的专属，而是成为社区文化的一部分，让更多的人能够参与艺术创作与欣赏，从而实现艺术的普及化和社会化。

非政府组织和非营利组织在促进艺术创新与多样性方面也有显著贡献。它们倾向于支持那些富有创意和实验性质的艺术项目，为艺术家提供实验与创新的平台。这些组织通常更愿意承担风险，支持新兴艺术家和少数派艺术形式，从而丰富了公共艺术的内涵和外延。

非政府组织和非营利组织在公共艺术社团管理的实务操作中展现出高效性和专业性。它们经常能够集聚一群对艺术有热情的专业人士和志愿者，这些人才的专业知识和技能对于艺术社团的管理至关重要。从艺术项目的策划到执行，再到评估反馈，这些组织能够提供一条龙的服务，确保艺术项目能够顺利进行，并取得预期的社会效果。

（三）大众媒体

在当代社会，艺术不再是精英文化的专属，而是需要更广泛地融入公众生活，而大众媒体恰恰为此提供了有效的平台和工具。通过报纸、杂志、电视、网络等多种媒介，公共艺术社团的活动和理念能够迅速地被社会大众所知悉。艺术社团可以利用媒体的力量，增强自身的社会影响力，拓宽参与人群，吸引更多的公众参与艺术活动。媒体的宣传能够使艺术社团的项目得到更广泛的关注和认可，从而在一定程度上促进艺术项目的实施和艺术创作的生产。

通过媒体的中介，艺术社团能够与政府部门、商业品牌、教育机构等建立联系，并以此获得资金支持、政策扶持或合作机会。媒体为艺术社团与社会其他组织的对话提供了平台，使得艺术项目得以融入更多的社会资源和社会实践中，增强了公共艺术的社会参与度和实际影响力。大众媒体对于公共艺术社团的批评与监督功能不容忽视。通过报道与评论，媒体能够对艺术社团的活动进行监督，提出建设性的意见和批评。这种公开的监督机制有助于艺术社团及时发现并改进管理和运作中的问题，保证其活动的透明度和公正性，维护公众利益。

除此之外，大众媒体还可以作为艺术教育的渠道，促进艺术文化的普及。通过专题报道、深度访谈、艺术节目等形式，将艺术知识和艺术鉴赏带给公众，激发公众对艺术的兴趣和理解。艺术社团可以通过媒体发布教育性内容，如艺术家访谈、艺术作品分析等，这不仅能够教育公众，还能够提升艺术社团的知识传播能力。

随着新媒体的兴起，社交网络、博客、视频分享平台等成为艺术社团管理中不可忽视的新兴力量。这些新媒体渠道以其快速、互动的特点，让艺术交流更为及时和广泛，为艺术社团提供了更多样的管理与传播策略。

五、基于现代公共文化服务的公共艺术自主管理

（一）艺术家

在当代社会，公共艺术作为连接个体、社区与更广泛公众的桥梁，其自主管理模式的探索与实践，尤为重要。在这一过程中，艺术家扮演着核心角色，他们的责任和职能不断扩展，从创作者转变为公共空间的塑造者与文化服务的提供者。

第一，艺术家在公共艺术项目的自主管理中承担着创意的责任。艺术家不仅仅需要提供独特的艺术视角，更要结合公共空间的性质和目的，创造符合公众审美并能够激发社会思考的作品。这要求艺术家具备对社会环境敏锐的洞察力，以及对公共利益的深刻理解。艺术作品的主题和形式需经过周密的思考，以确保其能够促进公共环境的美学提升，同时和谐地融入周边环境。

第二，艺术家在公共艺术管理中需承担沟通的角色。艺术家必须与社区成员、政府机构、赞助者及其他利益相关者进行有效沟通，确保各方面的需求和期望得到平衡与满足。这种沟通不仅仅体现在项目策划初期，更贯穿于公共艺术项目的整个实施过程。通过主动的沟通与参与，艺术家有助于构建一个开放和包容的公共艺术生态，促进文化多样性的表达和文化权益的实现。

艺术家在公共艺术管理中的作用还体现在项目的实施阶段。艺术家需协调资源，整合跨学科的知识和技能，以确保艺术作品的质量和项目的顺利进行。这包括与建筑师、工程师、城市规划者等专业人士的紧密合作，以及对材料、制作过程和技术细节的精细把控。在此过程中，艺术家的专业判断和管理能力对项目的成功至关重要。

自主管理还要求艺术家在项目完成后，持续参与艺术作品的维护和公众教育活动。公共艺术作品的维护不仅仅涉及物理状态的保养，更包括对其文化价值和

社会意义的持续传播。艺术家可以通过组织讲座、研讨会和互动活动，与公众互动，增加公众对公共艺术的认知与欣赏，从而提高公众对公共文化服务的参与度和满意度。

（二）艺术策展人

作为连接艺术作品与公众的桥梁，策展人在公共艺术的自主管理中充当着多重身份：他们是艺术作品的解读者、公众教育的推动者，同时也是艺术机构运营的重要参与者。通过策展，艺术不再是高高在上的存在，而是融入公众生活之中，丰富了公共文化服务的内涵。

艺术策展人作为专业人士，有责任保证公共艺术的质量与水平。他们通过对艺术品质的把控，确保公共艺术项目既有较高的艺术价值，又具有社会性的影响力。策展人需要具备辨识艺术作品潜在价值的能力，这不仅涉及艺术知识的广泛积累，还包括对当代艺术动态的敏锐洞察。通过筛选、组织和呈现高质量的艺术作品，策展人应确保公共艺术项目既能赢得艺术界的认可，又能激发公众的兴趣和参与。

艺术策展人在促进公众艺术教育方面扮演着关键角色。策展人通过设计具有教育意义的展览和活动，提供了一条使公众能够接触和理解艺术的途径。在展览过程中，策展人需要考虑如何通过艺术作品传递知识，如何让艺术作品与观众之间产生互动，以及如何使观众能够从艺术中获得启发。此外，借助各类媒介和科技手段的配合使用，策展人能够创造更多元化的艺术教育形式，使得文化艺术教育更加贴近公众，更容易被消化吸收。

艺术策展人在公共艺术的自主管理中发挥着协调与沟通的作用。他们不仅要与艺术家、观众建立联系，还需要与政府部门、赞助商和媒体等多方面保持沟通和协作。在自主管理的过程中，策展人需要兼顾艺术的独立性与公共文化服务的需求，寻求在艺术创造性和公共利益之间的平衡点。这需要策展人具备高度的组织协调能力和复杂问题解决能力，以确保艺术项目能够顺利实施，并且能够有效地服务于公共文化。

在公共艺术项目的管理中，策展人需要考虑项目的长远发展，从而确保公共艺术在未来能够持续为公共文化服务贡献力量。这涉及对艺术项目的持续资金筹措、公众参与度的评估及艺术作品保养与维护等诸多方面。策展人需要具有前瞻性思维，能够预见到未来艺术发展的可能性，并通过科学的管理方法来推动公共艺术项目的持久生命力。

六、各种公共艺术管理类型的权利范围及协调机制

（一）各种公共艺术管理类型的权利范围

公共艺术管理机制是公共艺术实施的载体，是公共艺术过程展开的基础平台，它包括人群、程序、财政等基本要素与系统，涵盖了公共艺术从发起、征集、实施、监督及后续保障的整体运作过程，并在这一过程中产生有特点、有目的的功能，这种功能由运作机制的要素关系和系统关系相互作用而产生。

人作为一切社会活动的主体，是公共艺术运行发展的决定性因素。在公共艺术管理的整体过程中会有形形色色不同的人群参与进来，他们各有不同身份，负有各自的角色和使命，在此基础上，就构成了公共艺术管理的不同类型。

政府管理主要指的是政府作为公共艺术活动的主导者，决定了公共艺术的宗旨、目的、基本规则和资金来源，掌握公共艺术的事务主导权和话语权。

社团（行业）管理主要指包括各种学术委员会、咨询机构、研究机构、专家学者、非政府组织、非营利组织、利益团体、大众媒体等所建立起来的社团或行业组织，他们以共同管理、协助管理、合理建议等合作方式参与公共艺术的管理活动。

自主管理主要指的是公共艺术的建设方，包括从事公共艺术创作的策划者、创作者和参与者等，包括公共艺术的设计者、公共艺术设计公司等。他们不但具有操作公共艺术项目和艺术品的经验与能力，而且熟悉掌握各种工艺的制作与新材料的运用。在公共艺术设计及建设过程中，他们从长期的设计及创作经验出发，充分发挥自发（自主）管理的职能，确保设计并建设充分满足城市建设及人民群众需要的高品质公共艺术项目。

（二）各种公共艺术管理类型之间的相互协调机制

1. 政府管理提供公共艺术项目

政府管理在公共艺术项目的策划和实施方面承担着主导权。通过立法、规划和资金支持等方式，政府不仅可以决定艺术项目的类型、规模和覆盖范围，还能够确保艺术项目与公共利益的高度一致。例如，政府通过制定文化发展规划，可以有效地引导艺术项目的发展方向，保证资源分配的公平性和效率性。此外，政府的预算和资金投入是保障公共艺术项目顺利进行的重要条件。通过财政拨款、税收优惠等手段，政府能够为艺术项目提供稳定的资金支持，降低艺术活动的经济风险，鼓励更多的社会力量参与其中。

政府管理通过构建多元化的公共文化服务体系来满足不同人群的文化需求。政府不仅需要提供基础的艺术设施，如图书馆、博物馆、文化馆等，还要通过开展多样化的文化活动和艺术项目来丰富人民的文化生活。这种服务体系的构建不仅能够提升公共艺术项目的覆盖率和参与度，还能促进文化创新和艺术多样性的发展。

政府管理在促进公共艺术项目与社会、经济和文化的其他领域相互协调中也起着重要作用。通过跨部门协调、跨行业合作、跨区域联动等机制，政府能够整合不同资源，形成艺术与教育、旅游、城市规划等其他领域的协同发展。例如，政府可以通过与教育部门的合作，将艺术教育融入学校教育体系，提高学生的艺术素养。通过与旅游部门的合作，将艺术项目作为城市旅游的亮点，吸引游客，促进文化旅游业的发展。

在我国，上海市在地铁公共艺术领域积累了丰富的经验。例如，负责运营管理上海地铁的上海申通地铁集团，也主导地铁公共艺术的整体规划。这一规划过程汇集了申通地铁集团的官员、规划部门主管、线路管理员，以及艺术界和学术界的代表，他们通过专门的会议来深入讨论上海地铁公共艺术的建设理念、价值核心、布局、艺术类型及改进方案等主题。艺术规划确定后，规划部门负责人、线路管理员和艺术家共同协作，以确保艺术项目的顺利实施。他们会根据地铁线路和各站点的具体情况，将地面的区域特色、历史和文化脉络融入地铁站点设计中，形成独特的艺术主题。所有艺术作品都须经过地铁公共艺术委员会的审核批准，由艺术家负责最终的创作工作。

2. 社团管理评选公共艺术作品及其方案

社团作为连接艺术家、公众及政府的桥梁，能够在文化艺术的推广、传播及其实践中，提供独特而有效的管理与协调机制。

公共艺术作品的评选是一个复杂的过程，不仅需要专业的审美标准和艺术判断，还需要考虑到艺术作品在公共空间中的社会效应和文化价值。社团作为一个独立的组织形式，能聚集不同领域的专家学者，通过其多学科的专业网络，为艺术作品的评选提供全面而深入的审查。这种跨学科的评委会可以从艺术性、创新性、实用性及公共接受度等多个维度对作品进行评估，确保最终选出的艺术作品能够满足不同层面的需求。

社团在协调公共艺术项目的实施方面起到了桥梁作用。它们能够协调艺术家与政府之间的关系，处理艺术创作与公共利益之间的平衡。在方案实施的过程中，社团可以提供项目管理服务，确保艺术项目按照既定的时间、预算和质量标准顺利完成。同时，社团还可以组织论坛、研讨会和展览等活动，为艺术作品的推广和艺术家的成长提供平台。

另外，社团管理在促进公共艺术作品的民主化过程中发挥着重要作用。公共艺术作品的评选和实施过程中，社团能够代表公众的利益和意愿，保障公众参与和声音的有效表达。社团可以通过调查问卷、公众论坛等方式，收集社会各界对于公共艺术项目的意见和建议，将公众的参与融入方案的选择和实施过程中。这样不仅增强了公共艺术项目的透明度和公信力，还提高了公共艺术作品在社会中的接受度和影响力。

社团也是推动公共文化政策和法规发展的重要力量。通过对公共艺术项目的管理实践，社团能够积累宝贵的经验和数据，为公共文化政策的制定和修订提供实证支持。社团可以通过报告、政策建议等方式，向政府机构提供咨询服务，帮助构建更加完善的公共艺术管理法规体系，从而为公共艺术项目的健康发展营造良好的政策环境。

3. 自主管理实施公共艺术设计项目

在众多管理类型中，自主管理因其高度的灵活性和适应性，在实施公共艺术设计项目方面扮演了重要角色。本书旨在从公共文化管理类型及相互协调机制的角度出发，分析自主管理在实施公共艺术设计项目方面的作用。

在公共艺术设计项目实施中，项目负责人能够根据项目的具体状况，灵活调整项目计划并及时作出决策。项目负责人对本地文化、社区需求和艺术创作的特点有着深入的了解，因此他们能够确保公共艺术项目与当地文化的有效结合，使项目更具有针对性和实用性。

公共艺术设计项目通常需要多个不同领域的专业人士共同参与，包括艺术家、设计师、工程师、规划师等。自主管理类型为跨领域合作提供了便利，项目管理者可以根据项目需要，自由地组织合适的团队，协调不同部门和领域之间的资源和工作，从而促进项目的顺利实施。

在自主管理模式下，项目组可以根据社会文化发展动态和人民美学需求的变化，灵活调整艺术设计方案，这不仅有助于提高项目的社会响应速度，还鼓励创新思维的应用，推动公共艺术的发展。

另外，自主管理也促进了公众参与公共艺术设计项目的机会。通过调动社区居民的参与，项目管理者可以收集到丰富的社区文化信息，这些信息对确保项目的设计贴近民生、反映民意至关重要。社区居民的积极参与不仅能提高公共艺术项目的接受度，还能增强公众对公共空间的归属感和文化认同感。

七、基于现代公共文化服务的公共艺术管理机制创新方法

发达的西方国家已经成功建立了公共艺术的完善运作机制，中国的公共艺术可以从中学习到很多，但同时也需要考虑到如何适应中国本土环境。任何制度和条件都应当随着国情和经济社会情况的变化而灵活发展。因此，建立中国的公共艺术管理机制需要在借鉴西方成熟经验的基础上，根据本土情况，制定适合自己发展的独特路径。

（一）项目立项及民众参与

西方国家评价公共艺术项目规划的标准之一是能否激发公共和私人两个方面的热情，推动他们合作解决城市问题，并且是否有民众参与规划的过程。因此，他们鼓励有关人员开展公开讨论，让民众有机会充分参与城市公共艺术规划，表达自己的观点和看法，而不是在没有民众参与的情况下做决定。

通过对大量国外公共艺术的分析，我们深切感受到，民众参与是公共艺术建设成败的关键。民众参与的层面可以是多元的、广泛的，从挑选创作者、建设地点的确定及艺术表现形式的选择等，都可以得到体现。在我国，民众参与公共艺术管理的例子较少。在部分城市，政府仍然是主导的决策者，往往采用"政府买单"方式来处理公共事务，并且较少重视民众的参与和贡献。

最近，城市管理者已经开始更多地征求民众的意见来制定公共艺术政策。社会对这种政策表现出了很大的兴趣和热情，人们比以往更关心公共艺术。许多人渴望参与和投资公共艺术，这种群众基础对于公共艺术来说是非常重要的。

因此，需要完善公共艺术管理的制度模式，规定公共艺术项目的立项和审批方式，并公开宣传。我们应当实行公共艺术项目公示和专家评审相结合的制度。在此制度下，我们将规定大型建设项目的公共展示地点，并及时公开各种公共艺术项目的想法，同时指派专人负责收集反馈，深入调研并进行科学论证。我们要兼顾社会和民众的意见，同时也要尊重专家们的知识，以提高公共艺术品的品质水平。此外，应该建立更加完善的公共文化艺术推广宣传体系。

1. 各级公共艺术组织机构及人员设定

尽管我国的政府机构和民间组织（如美术家协会或城市雕塑协会等）在城市建设和规划方面的理论水平不断提高，但在实践中，他们仍然难以满足公共艺术建设在城市和社区环境营造中所需的要求。在我国，应该建立一系列公共艺术管

理和服务机构，包括国家、省、市等级，以协调公共艺术、城市环境建设、生态保护及公共文化水平提升之间的关系。这些机构需要具备专业性和协调整合的能力，以便真正实现公共艺术的推广，同时与其他相关专业相辅相成。

依据我国的具体情况，可以设立公共艺术委员会于各省（市、区）。县市级以上政府主要领导担任该委员会的主任委员，其余成员则主要由专业艺术人士组成，旨在代表各界人士的权益。主要成员包括：在数字艺术领域拥有卓越表现的专业艺术家、拥有艺术专业背景的教授及从事专业艺术批评的人士等。在确定成员时应充分考虑每位成员的代表性与专业性。环境艺术设计领域聚集了建筑环境、景观和园林等设计专业人士。居民代表应符合以下条件：在该市、县居住半年或一年以上，熟悉当地文化艺术发展情况，对此充满热情，同时具备一定的文化艺术教育背景并在社区中有良好的群众基础。本书所述的角色包括代表县市级文化艺术部门的人员，如管理文化局社群艺术活动的代表、城市的建设或规划人和专门从事相关法律事务的专家等人。

2. 公共艺术作品和创作者的遴选机制及规范的建立

为保证公共艺术项目的公正、平等、透明和卓越，可以参考国际经验，建立市级以上的公共艺术委员会，并建立由本地区艺术家为主的人才库，用于选定公共艺术作品和艺术家。同时，现代电子网络系统的普及也可以促进艺术家与社会各界之间的交流和互动，满足不同人群对艺术的需求。定期更新人才库非常重要，如有需要，公共艺术委员会也会寻找适合的艺术人才和作品提案，即使可能不在人才库中。根据艺术品所在地的环境特点、文化背景及其他需求，公共艺术委员会和专家顾问委员会可以从艺术家人才库中初步筛选出几位适合的艺术家，并邀请他们根据基本要求创作备选方案。这些备选方案将被呈交给公共艺术委员会审议和决策，同时我们将邀请更多的社区成员或代表参与选择。

（二）健全的保障机制

1. 资金保障

资金保障是公共艺术建设不能忽略的基础性问题，如果缺乏资金保障，就会影响公共艺术品质和长期发展。这与一个国家或地区的经济和社会文化水平息息相关。

为了避免对艺术事业过度的行政干预及简化中间环节，一些国家（如美国和英国）设立了人文艺术基金委员会或艺术委员会。这些委员会由专家组成，直接与地方的决策机构、艺术团体和个人艺术家合作，避免了造成额外行政开支和庞大的行政体系。我们应当学习并借鉴美国率先采用的"百分比法"作为公共环境艺术的艺术基金筹措方式。此外，地方政府应该鼓励和促进私人企业、民间组织或个人自发赞助艺术活动，并通过减免税收等政策来支持他们的贡献，这将进一步促进公共艺术事业的发展和繁荣。除此之外，它还开拓了公共艺术建设与整体社会相互作用的多种可能方式。

在西方城市建设中，公共艺术和文化管理及相关政策更加标准化。税收在发达国家中占据着至关重要的地位，它是国家财政收入的主要渠道。然而，在实行严格的征税制度时，各国普遍采用不同的税率标准对经济和文化领域进行分类征税，并在税收政策中体现其政策导向。根据英国国会颁布的《鼓励企业赞助艺术计划》，企业可以开展艺术活动来提升企业知名度、款待客户或员工及展开广告宣传等，这些活动可被视为"赞助"，然而这些活动必须符合企业经营目标的前提条件。政府倡导将"资助"纳入企业经营的范畴。假如一家企业决定赞助文化事业，政府也会一同支持该项目，以确保该活动能够取得高质量的成效并且顺利进行。这样做可以提供"双重保障"。政府鼓励企业进行新的投资，这意味着在企业首次投资时，政府将与企业同步进行资助，比例为 1∶1；对于企业的第二次投资，政府将增加上一次资助的一半，比例为 1∶2。

然而，在中国城市建设的高峰期和国民经济的持续增长背景下，仅仅依靠百分比法案来筹集公共艺术项目的经费是不可行的。大部分类型的艺术组织和活动主要依赖于不同种类的基金会提供的支持。社会赞助在许多西方国家（如美国和加拿大）的艺术事业发展中占据重要地位，相较政府拨款更为主要。这是因为艺术创作具有独特性和争议性，使得使用公共资金来支持这些作品变得非常困难。相反，由于欧美国家存在着大量的私人赞助机构和资源，艺术家们得以获得丰富的机会。

2. 人力资源保障

公共艺术服务的良好发展基于充足的人力资源保障。即使大量的资金用于公共艺术服务，如果没有足够的人力资源达到其要求，其事业的发展也无法取得成果。艺术公共文化服务的实现需要一批从事艺术专业技术、管理协作等工作的人员，他们被归纳为人力资源，是不可或缺的支撑基础。当前，社会对公共艺术服务人才的需求量已经超出现有人才的供给能力，因此我们需要探讨如何增加人才数量和提高人才素质来满足社会需求。我们可以采取以下措施来确保成功：首先，我们要加强培训工作，让人们认识到公共艺术服务建设对于提高全民综合素质的重要性，明白其是促进区域经济可持续和科学合理发展的基石。其次，我们应该充分利用高校资源的优势，努力培养公共艺术服务领域的人才。再次，为了促进艺术公共服务的进一步发展，需要吸纳具备专业技能的人才。有多种途径可实现这一目标，如聘用专门的社区艺术导师、购买由民间艺术组织提供的公共艺术服务，或者引进相关人才到政府职能部门就职等。最后，提升公众对艺术作品的鉴赏水平。公共文化决策机构要取得成效，就应该建立在公众良好的基础教育基础上，以确保其推广的活动能够成功实施。公共艺术事业的持续繁荣发展离不开在儿童时期就注重艺术教育，培养大众的艺术鉴赏能力。只有这样，才能够促进公共艺术事业的繁荣。

3. 基础设施建设、具体活动措施保障

政府通过拨款建设各种公共艺术服务建筑、设施和设备，如广场主题雕塑、壁画、画廊、演艺场所等。此外，可以由社会组织或自愿参与投资的个人建立具备公共艺术服务功能的设施和设备。这些设施能够提供公共文化服务，确保人民基本的文化权益得到保障。要保证基础设施建设所需的资金充足，可以应用现代化财务管理工具，以确保资金使用得透明公开和有效运用。为保证公共艺术服务的需求，应引入艺术专业人才参与基础设施建设，以确保其建设质量和功能不会降低或出现缺失。否则，就有可能无法达到公共艺术服务的标准。在基础设施选址时，应综合考虑多个方面，如资金、位置、功能等，并充分考虑公众需求，以确保选址能够实现最佳效果。基建完成后，应制订可行的行动计划，指导公众充分利用这些基础设施，满足他们从事艺术活动的需要。确保公共艺术服务达成既定目标，建立监督评估和问责制度是必要的。在许多公共服务领域的保障机制建设过程中，缺乏健全的问责机制。许多管理运作过程因缺乏有效问责机制而仅仅流于形式。

4. 艺术创作者的权益保障

要完善公共艺术作品管理机制及规则，必须考虑到维护和尊重艺术创作者的合法权益。为了确立责任，展现对知识产权的重视，需在逐步完成城市公共艺术品普查工作的前提下，对重点艺术品进行编号、设置标牌，并刻印设计、制作、安装者的姓名，对雕塑的主题及意义进行简要说明。相应的规章制度需要由政府相关机构制定，以解决关于艺术品设立和拆除时间的约定规定。此举旨在保护艺术家和社会相关方的法律权益。这个问题与保护和尊重社会各方合法权益有着紧

密的联系。每个人的观点和提议都应该被认真考虑，每个当事人合理的权益也应该得到保护。此外，需要建立责任制和制定相关法律规定，以解决已经展示的艺术品的保养和维护问题。这些问题需要在我国公共文化艺术领域的法律法规建设中加以重视和解决。

为了避免室外公共环境中的艺术品因长期忽视维护而成为一种视觉污染，我们需要建立一个明确的养护管理制度，以确保这些艺术品能够得到适当的保养与维护。这包括但不限于：调查现有被损坏的公共艺术品，设置明显的污损警示标识，引入公共艺术品的"认养"机制，设立年检和保修制度来监督设计、制作和施工单位的质量，并要求这些单位签署年检和保修的承诺等措施。

（三）民众参与的保障

与一般的纯艺术创作不同，公共艺术旨在通过艺术作品将空间环境的解释权交给社区居民，从而使艺术作品成为聚集社区意识和情感的象征。因此，艺术家必须意识到这一点。艺术家应该熟悉空间的使用者需求及场地环境的特征。这些特征包括空间质感和历史文化背景等。然后，艺术家要利用自己的专业技能，来表达他们的艺术作品，以确保和社区及环境的和谐协调。创作公共艺术时，应当选择开放的方式，鼓励广大民众参与进来。此举有助于赋予民众更多重要的参与权和话语权。这一过程涉及非常复杂的各种社会因素，需要开展费时费力的沟通交流。因此，不仅需要艺术家有耐心，积极主动地与社会民众进行交流，了解他们的需求、喜好等状况，还需要组建相关的公共艺术执行团队及制定合理的投票选举制度作为保障。这样，通过公共艺术作品，社区居民可以建立起对共同生活空间的归属感，同时也能够得到自己情感和价值观的认同。公共艺术项目只有在成为小区社会历史和情感的象征，传达公共空间的文化意义及激发周围居民的积极反响时，才能真正被称为成功。为了实现这种状态，下列方案和方法是不可或缺的。

1. 民众参与计划的形式

首先，公共艺术计划的信息可以通过问卷调查或媒体传播的形式传达给城市居民，这样居民就能更了解计划的细节，也可以提高他们的参与度。此外，选举最终的公共艺术作品也应由居民来决定，以确保被接受的程度更高。其次，可以鼓励社会各界积极交流信息并参与讨论，让艺术家在创作之初就能够根据公众意见进行作品设计。最后，热烈欢迎民众积极参与公共艺术计划。民众可以探讨公共艺术计划对社区的重要性和实际应用，分享有关作品表现方式的想法，并有机会参与艺术品的创作过程，为公共艺术计划增添生机和活力。在这种情形下，艺术家不再是单独的创作者，而是与代表人民的群体合作，形成一个设计团队，以帮助民众将他们的创作思想变为现实。

2. 整合各种社会资源，共同推动民众参与计划

由于时间限制和缺乏经验等因素，艺术家在创作公共艺术项目时可能会面临压力，这导致在某些情况下，民众对艺术项目的参与可能仅仅是形式上的。力图借助公共艺术提升大众对环境美学的认识，是一个颇具难度的任务。因此，公共艺术项目的策划者应该主动与市民组织或文艺团体合作，积极促进公共艺术项目与城市居民之间的沟通与交流。

3. 民众与公共艺术的融合

公共艺术是一种专为民众所创作的艺术形式，可作为城市居民对艺术需求和兴趣的真实展示。它的目标是借助推广公共艺术来推动社会福利的提升，而非依赖于社会力量单独推广公共艺术。随着城市化加速进行，人们开始更加关注公共艺术。这是因为公共艺术项目能够带来神奇的效果，如引导人们化解紧张的情绪，创造和谐的氛围；治愈社会上的痛点和伤痕；同时，它能让城市内被忽视的角落和荒地再次焕发生机。这不仅是公共艺术的最终目标，还是它存在和发展的驱动力。因此，在实施公共艺术项目的过程中，都应该深刻理解并充分考虑公共艺术的拯救能力，鼓励所有人积极推动公共艺术的发展，推动公共艺术与民众之间的融合，推动二者之间的交互发展。中国的公共艺术应该承担培养公民美感的重任，所以我们需要先确定自己的价值观和审美目标，积极反映和满足本土文化的审美需求，同时学习吸收其他国家的卓越经验，并致力于打造中国社会的生活美感和公民美感。中国公共艺术旨在创造一个优美诗意、和谐动人、积极健康、生动活泼的社会理想环境，以满足社会全体成员的文化福利和公共福利需求，同时向着"各美其美，美人之美，美美与共，天下大同"的目标努力。

（四）公共艺术批评

部分专家认为，在中国城市的公共空间中存在同质化现象。一些城市在建设公共空间和艺术作品时，较为注重规模和完备性，缺乏个性和特色。这种现象在城市发展中被称作"异化"。在公共艺术和相关领域，许多具有批判性的观点出现了，这些观点极为关键。若未对公共艺术进行监测和评估，则其实施将无法产生效果，同时导致相关项目和设施丧失意义。根据学者和公共艺术家的观点，自主批评和公众评论对公共艺术的良性发展起着至关重要的作用。在公共艺术领

域，需要建立一种评价体系，以评估公共艺术作品的质量和公共艺术项目的管理和运营机制。这种评论系统可以帮助我们全面了解公共艺术项目，并促进其不断发展。

总的来说，公共艺术作为政府提供给社会的一种有益于社会和公众的艺术品和文化福利，需要通过特定机构的领导和一系列规章制度的运作，协调公共艺术与相关利益主体之间的关系，以保障公共艺术实施的完整性。中国的公共艺术尚未成熟，需要机遇和时机才能促进其发展，特别是进入城市空间。根据西方公共艺术的发展历程，城市的大规模建设、升级和更新，政府的行动，以及一些大型活动（如奥运会、世博会）等，都为公共艺术的发展提供了重要的机遇和关键时期。如果公共艺术能够与城市营销巧妙结合，抓住时机并符合社会发展的节奏和方向，就有可能创造更大的发展空间和潜力。如果错过了争取政府、社会舆论和大众支持的机会，未来的进展或许会遇到难以预测的挑战。公共艺术的发展取决于艺术界本身的努力和成就，这是其内在动力所在。与社会形成交流的最终目的是公共艺术作品，而不是艺术家的解释。一个优秀的艺术品需要经由艺术家的创作才得以实现。作品质量的好坏及社会的评价，往往与政府和社会对公共艺术的支持程度息息相关。政府、媒体和公众会一致放弃充满争议和对抗性的公共艺术作品。在公共艺术领域，负责任的批评是衡量成功与否的重要标准。因此，公共艺术的创作者需要积极倾听公众和艺术评论家的反馈意见，并承担起相应的责任。他们应该避免被错误理解的艺术观念所干扰，并坚守不受经济因素驱动的艺术追求。只有将使命当作光荣的责任，我们才有可能创作出卓越的艺术佳作。

中国的公共艺术扎根于本土文化，以其为基础而建立起来。它的强大生命力来源于历史文化和地域传统的保护和挖掘。同时，中国的公共艺术需要在东西方文化交互中获得灵感，同时在文化交流与碰撞中获得新的生命力。中国文化以其广阔的包容性和融合力特色而著名。正如汉字能够自如地吸收英语等其他语言的单词和句子，并不影响交流一样，在汉语表达体系中充分彰显了这种文化的核心价值，这是其他文化难以媲美的文明水平。在引进外来的公共艺术品时，中国并没有简单地照搬西方的思想体系，而是在本土文化的基础上有机地融合并进行适当的创新，以使其在中国得到真正的生长和发展。这种学习和引进可以被视作对中国文化内在意义的诠释和传承，展示了中国文化在当下历史阶段中的文化自信和自我强化。

第三节　基于现代公共文化服务的公共艺术评价机制

今天的公共艺术与以前的雕塑、壁画及建筑之间有着明显的差别，这不单表现为公共艺术类型的增减、主题的分化、表现手段向高技术和综合性方向的发展，在这些现象背后，正在悄然发生的是公共艺术价值取向发生了巨大而深刻的变化，公共艺术在公共话语下陷入了标准缺失的困难境地。从我国近年来的情况看，与世界范围的多样化和多元化相一致，公共艺术也步入了多元化发展的境地，过去被奉为主流的公共艺术观念遭到了空前严峻的挑战，新的公共艺术风格和流派在不断地涌现，又不断地更迭。公共艺术的多元化格局使公共艺术家和受众失去了共同遵循的路线。同时，公共艺术的评价以往被认为是主观性较强的一项工作，以至于缺少科学的评价体系，城市公共艺术的设计、实施、管理的评价处于真空状态，一定程度上影响了政府工作的开展。面对这个色彩纷呈，仿佛不再有共识共知、不再有统一价值标准的公共艺术世界，如何建立自己的公共艺术评价机制和体系，确立什么是"好与坏、美与丑"的基本标准，并且进一步掌握其评价方法，从而科学地把握好公共艺术发展的目标和方向，这就需要我们站在整个时代和人类文化发展的背景和高度上去思考、去回答。

一、公共艺术评价机制的相关问题

公共艺术的评价机制旨在运用科学评价手段增强公共艺术项目运作中，人和事物的内在动力并调节各方面的制约关系，确保公共艺术项目的科学决策，保证运行和管理目标的实现。在国内外公共艺术项目的运作和管理过程中，都把评价作为一项非常重要的工作，形成了责任明确的评价机构、完整的评价制度和丰富而科学的评价手段。

长期以来，公共艺术的评价一直未能得到应有的关注和深入的研究。这不仅意味着公共艺术评价研究被忽视了，还说明了公共艺术的价值被政府和研究机构忽视了。如果公共艺术活动失去了对价值和评价的考量，它们就缺乏了行动的方向感。这一点已经被无数实践和理论例证所证实。进一步反思，在当代公共艺术的实践中，许多的问题也是由这种对评价的忽视而导致的。总体而言，我国在公共艺术创作方面缺乏一种稳定的深刻内在价值观，这导致公共艺术作品表现肤浅、缺乏明确目的并且显得混杂无序。另外，这种情况还妨碍了相互促进的良性循环的形成。可以表达为，评价和创作在本质上互为关联、相互影响，二者都受到价值观的制约。若缺失明确的价值观和取向，则难以确立稳固的评判准则，也无法孕育出坚定的创作态度，进而引发两者内在联系的崩溃与混乱。在评价方面，由于价值和价值判断的不明显，绝大多数评价缺乏真正的评价意义。虽然这种评价呈现形式丰富多样，但它们通常可以归为两种表达方式，或者说是被困在了两种极端思维之间所带来的混乱和难题。此外，公共艺术活动可以被视为公众福利的一部分。艺术家应该将他们的创作作为为社区服务的手段，更加注重他们在社会中所带来的影响和效果，而不仅仅满足于追求个人的自由创作和个人经验的展现。这已经被确立为对这种活动进行评估的准则。另外一种备受欢迎的趋势是将公共艺术看作是受到通用准则、规则和标准的支配和影响的一项活动。也就是说，公共艺术的主要目的是根据这些准则、规则和标准来创作艺术品，从而通过这些"通用概念"来评价它们的质量。这两种思维方式的问题在于它们无法建立一个真正符合公众艺术特征的评价标准和准则，因为它们所倚重的价值观缺乏真实性和稳定性。没有一定价值观作为基础的评价必将失去评价的意义，这正是当代公共艺术所普遍面临的困境与危机。

公共艺术的评价机制作为社会接受方式的保障措施，其本质上是一种理性的科学化探究活动，它的对象是围绕公共艺术作品（行为）的价值目的展开。因而在考虑公共艺术作品的时候，需要先设立一个共同的立场和视角，以此为基础进行深入分析和探讨，从中寻找出作品所蕴含的深刻意义。通过审视公共艺术作品中所体现的内在构成要素，结合公共艺术作品与空间系统、意识形态、社会文化之间的关联，我们能够对作品的意义、价值、得失、艺术特征与规律进行进一步深入的分析和阐释。更进一步地说，评价是一种与其他认知活动不同的特殊的人类思维过程，它的目标不是简单地认知世界中"有什么"，而是探究世界的意义或价值。它旨在阐明世界对人类的意义和价值，以及人类对世界的贡献和价值。在现实世界中，人们通过评判和批判，不断认识到什么是有益的、什么是有害的。当我们评价某个事实时，我们所展现的是一个被赋予了利弊优劣的价值观世界，而这与中立客观的事实本身是有所不同的。公共艺术活动必须遵循一些基本准则和内在原则，以确保创作者和受众能够达成共识。此外，公共艺术的价值评价也是一个重要的审核过程。价值问题是评价的必要元素，因为研究价值问题涉及人的本质存在状态。所有的价值都是与人有关的，因此当我们对某个事物进行评价时，都是围绕着该事物与人的需求和关系展开的，反映了人的观念和需求。因此，只有与人相关联时才能建立起价值关系的基础，否则价值便失去了存在的前提，因而难以进行真正的评价。公共艺术评价的目标也在于此，其价值和作用也就不言而喻了。从宏观上看，公共艺术评价具有文化、社会、审美、生产的功能作用。这里从公共艺术评价机制的应用层面分析它的作用与意义。

第一，公共艺术评价机制具有使公共艺术按照自身的规律良性发展的社会保障作用。首先公共艺术评价机制在保证公共艺术项目建设的科学性、合理性上发挥突出的作用。因为，评价结果在投资效益的目标性、布局的合理性、空间组织的协调性、人文生态的价值性等方面产生长久而深远的影响。同时，公共艺术评价机制还可以对开发建设项目提出防范性、控制性措施。其次，公共艺术评价机制的步骤和程序都贯穿在基本建设项目的各个阶段，使项目策划管理、艺术质量管理、建设规范管理都包含在其中，从而把建设项目的运行管理纳入城市公共艺术发展目标和规划的轨道，在发展公共艺术的同时促进人居环境建设和经济建设的协调发展。最后，进行公共艺术评价可以调动社会各方面关注公共艺术、参与公共艺术的积极性，集思广益，群策群力，如公共艺术创作生产单位、公共艺术科研院所和高等院校，由于具备较齐全的公共艺术创作、研究、实验、观摩条件，容易保证评价的科学性；创作和研究单位由于熟悉国内外公共艺术工程项目的发展水平和发展趋势，能有针对性地提出综合创作、生产对策，做到艺术、技术、人文、环境上的可行、合理；而公共艺术的管理机构则熟悉各种法规，就便于组织协调和监督。

第二，公共艺术评价机制的作用在于促进公共艺术家的作品创作与公众接受之间起到引导和促进的双向作用。一是从艺术家的角度看，他所创作的作品，由于受到种种条件的限制，并不能直接面向公众，必须通过上述运作环节（包括评价），才能在广场、美术馆、音乐厅、街区等公共空间环境与广大公众见面。但是，公共艺术的各个运作环节中并不会接受所有艺术家的作品，而是必须在一定的评价机制下对其进行严格的选择，才能把那些符合公共性要求的艺术作品展示给公众，这种选择的行为就是评价机制的职能。二是对于公众而言，在面对众多的、风格各异的艺术作品时，也需要应用评价机制在艺术作品与公众之间建立起广泛而有效的联系。也就是说，公共艺术的评价将通过对作品的审美价值、思想含义、风格特征、艺术手法等各个方面的阐释，推向社会公共空间，从而使公众能有效地理解、感受和体验艺术作品。三是公共艺术评价机制的建立，可以开展评价艺术作品的活动来促进艺术家的创作发展，进而促进公共艺术的发展。这是因为，评价机制对作品的全面评价不仅能对观赏性的接受给予理论上的指导，还会对艺术家的创作起调节作用。这一点，我们能从公共艺术发展过程的风格更迭、思潮转向中明显地看到公共艺术评价机制调节、导向美术创作的巨大作用。也正是评价这种明确的倾向性和强烈的价值判断，使其具有调节、导向公共艺术创作的力量。当然，我们认为，公共艺术评价机制的意识形态性与学术性、价值判断的倾向性与科学研究的客观性，必须在符合艺术自身发展规律的基础上统一起来，才能对艺术作品和公共接受层面起到积极的作用。

第三，公共艺术的评价机制对艺术作品的调节作用还体现在对作品的社会接受效果进行检验的方面。艺术家创作作品的最终目的是给广大公众提供精神文化食粮。这意味着艺术家就必须关心、了解广大接受者的需要，这样艺术作品的社会效果就成了调节艺术创作的巨大力量。但事实上，艺术家并不能从公众那里直接了解到自己作品所产生的社会效果，而只能通过在评价机制的介入下，才有可能做到这一点。因为评价不仅只是对艺术作品本身进行分析，还会对作品所产生的社会效果进行评估，以此来调节、引导公共艺术家的创作。艺术创作的变化，也就会反过来改变公众需求的趋势与结构。

总之，公共艺术评价机制作为一门学科，本身就是一项艰苦的创造性活动。从公众接受的角度看，它是公共艺术的社会接受方式之一；从创作与公众接受的关系角度看，它又是调节、引导并使其相互促进和发展的重要制度保障力量。因此，我们可以说，公共艺术评价机制具有集创造性、接受性与制度性于一体的特征。

二、公共艺术评价与现代公共文化服务的关系

公共艺术评价体系的建立为现代公共文化服务的目标与效果提供了衡量标准。公共艺术的价值评价不仅涉及艺术品自身的审美、创意和技巧，还涉及其在公共空间中所起到的社会交流、教育启蒙及文化认同等多重社会功能。通过对公共艺术的系统评价，可以更好地指导公共文化服务的规划与实施，确保艺术作品与公众需求及公共利益相匹配。

在评价公共艺术的过程中，公众参与是现代公共文化服务的一个核心环节。评价机制越来越注重听取公众的声音，尊重公众对艺术作品的理解与评判。这种民主参与过程不仅促进了艺术与公众之间的互动交流，还使得公共文化服务更加贴近群众的文化需求和审美期待，提高了服务的覆盖面和满意度。

同时，公共艺术的评价机制对于促进现代公共文化服务的多样化发展具有推动作用。通过评价，可以识别不同群体对公共艺术的不同需求和反馈，帮助文化服务提供者更准确地进行艺术品的选择和布局，促进多元化和包容性的文化服务发展。

此外，公共艺术评价与现代公共文化服务的关系还体现在促进文化可持续发展上。良好的评价机制能够提升艺术家创作的质量和社会责任感，对公共文化服务质量起到正向激励作用。这不仅有助于提高公共艺术的整体水平，还为公共文化服务的长远发展奠定了坚实基础。

三、基于现代公共文化服务的公共艺术评价原则与标准

我国改革开放以来，形成了以主流文化为先导的多元文化开放格局，在这种背景下，"公共艺术的生产不仅直接反映出艺术领域和文化事业的发展状况，而且清晰地折射出建立在政治国家和市民社会二元基础之上的意识形态结构、社会关系结构与经济结构之间复杂多变的利益缠绕，反映出私人领域和公共领域，个人权利和公共权利，市民文化和公共理性之间的分野、冲突和整合"。[①] 公共艺术评价与批评正是面临这种公共艺术快速发展的态势与多重表达语境的状态起步发展的，许多原则与规范尚在探索之中，尤其是在今天国家公共文化服务体系下的公共艺术评价原则与标准的确立更是当务之急，需要我们从当代公共艺术纷繁复杂的现象中梳理和寻求评价机制的基本方向。公共艺术评价原则与标准中最根本、最重要的基础，就是公共艺术价值的内涵问题。因为评价活动的核心是针对事物的价值，公共艺术也必须遵循这一规律。公共艺术创作和评价的基础在于人们对其价值取向的基本理解，这直接塑造了人们对公共艺术的基本态度，并影响着公共艺术评价和创作的原则与标准。

我们需要建立的公共艺术评价准则，基于公共价值观作为参照标准，以文化精神取向作为基础。公共艺术评价的主要职责不是简单地批准公共空间中艺术作品的立项申请，而是全面分析和评价公共艺术的价值和文化意义。通过建立科学的分析和评价维度，公共艺术评价体系可以将对公共艺术作品的理解贯穿于整个评价过程中。

（一）评价原则

1. 历史性原则

随着社会在政治、经济和文化等方面的变化，公共艺术也在不断发展和演变。人们的价值观念、道德观念、生活习惯和思维方式等也因此不断变化，对于公共艺术的评价标准也随之改变。公共艺术的评价标准受到历史和时代背景的影

---

① 张玉军. "公共性"建构与公共艺术 [J]. 装饰，2005（2）：20.

响，同时也遵循着历史性的规律。不同历史时期的艺术评价呈现出特定的时代风貌，从而为我们深入了解该时期的文化和精神状态提供了具体的资料和基础。人类在不同的历史阶段都留下了各具特色的艺术作品，展现了人类的创造力和才华，也体现了每个民族独特的艺术风格。各地区的文化艺术表现出独特的民族特色，并且也反映着悠久的历史传承。通过对历史各阶段艺术活动和作品的观察，公共艺术评价能够挖掘它们所包含的民族文化遗产、心理、价值观和审美观念，从而推动传统文化与现代文化的融合，提升民族精神素质，创造一个生动活泼、充满活力的文化氛围。同样的，公共艺术评价各不相同，不仅存在时间和地域的差异，还与不同国度和民族有关。然而，比较这些评价有助于揭示公共艺术的发展规律，这是非常重要的。这种比较方法旨在通过对公共艺术的历史发展和现实状况等多维度或多要素进行对比分析，以了解其本质特征和内在规律。在公共艺术评价中，比较分析是一种被广泛使用的思维方式，可以帮助人们认识和区别不同时代的公共艺术作品的价值关系，同时也有助于确定它们的持久价值。通过对比不同时期、国家或族群对艺术的评价，我们能够探究公共艺术发展所具备的独特性和共通性。这具有重要的价值，能够帮助我们深入理解公共艺术的历史演变规律。公共艺术作品承载着独特的文化价值，这些价值需要由理解公共艺术作品文化内涵的人去评价。通过上述比较，有助于揭示公共艺术作品价值的文化原则和历史原则。

2. 精神性原则

公共艺术评价的精神性原则描述了在对公共艺术进行评价时所需要遵守的思想和理念，以及这些准则的意义和价值。首先，公共艺术评价涵盖了对公共理想的追求的某种含义。相较于普通观赏者，公共艺术评价专家在评价对象时更能够全面、深入地理解公共艺术作品的内涵。他们的广阔思维、丰富知识和敏锐洞察力可以精准地理解公共艺术作品中所呈现的哲学问题，如宇宙、生命、人生、社会和自然等的关系。同时，他们可以从公共艺术作品的形式和内容中较为准确地析取这些深层的精神内涵。此外，对于评价的整理和分析，可以揭示作品中许多隐匿的符号，解开被隐藏的深层含义，从而使人们能够深刻理解公共艺术作品中沉淀的哲学思想和有益的人生启示。其次，公共艺术评估需要考虑许多道德层面的因素。公共艺术的评价不仅需要对其创造过程及作品中的道德原则进行分析和阐释，还需要探讨其成功和失败的原因，以凸显出时代的道德风尚，并展现出评价者主体的道德认知。实际上，创作者的道德观念和公众艺术评价者自身的道德观念之间存在紧密的联系，这一点是不可否认的。优秀的公共艺术家通常具有出色的道德敏感度和创造力。在创作中，他们会将自己对世界和人生的道德思考融入艺术作品中，传达一些重要的价值观念。公共艺术评价专家可以从这些作品中还原深层的精神性原则，进而与其自身的美学观点相融合、升华。最后，公共艺术评估考虑了时代精神的重要方面。时代精神指的是一种精神氛围，反映了某一时期流行的主流思想和社会趋势。公共艺术的原则必须考虑时代精神的因素，这是不可或缺的。出色的公共艺术作品可以完美地呈现和传达当代社会的共同价值观，它们用真挚的情感和生动多彩的形式深深打动公众。通过对公共艺术评价的细致分析，我们可以深入探究公共艺术作品所反映的时代特征和内在意义，进而充分呈现其精神实质和关键价值。

3. 审美性原则

公共艺术评价的本质是审美活动。公共艺术传递了人们与现实的紧密联系，并以感性的方式呈现了它的美。因此，公共艺术评价的核心是审美活动。这种活动应该系统化，并且通过一系列审美活动对对象进行评价，以便实现评价的目的。公共艺术的评价标准是用来衡量作品审美价值的标准，旨在评估作品的思想和美学价值，综合考量作品对公共艺术的贡献和影响。评价公共艺术的重要衡量标准之一是其是否符合人们的审美要求。具体而言，公共艺术评价涉及对公共艺术家对世界审美理解的评估，以及对其在美感传达方面的表现和观众的审美接受程度的评估。因此，审美标准是制定公共艺术评价的主要准则。公共艺术家通过表达情感和形象，展示他们对社会和自然的理解和认识。在公共艺术评价中，对公共艺术家把握世界方式的评价标准主要在于，他们的情感"是真实的还是虚假的""是高尚的还是庸俗的"；所表述的人与社会生活的"道"与"理"是否准确；这个形象是一般的还是独特的，或者类似这样的问题。公共艺术家应当考虑作品的形式是否符合大众或特定民族或地域的审美习惯和审美理念，以便更好地与社会和自然相融合。

在创作艺术作品的过程中，公共艺术形式美的塑造是其中一个至关重要的环节，它能够为作品带来审美价值的创造。公共艺术形式是通过对公共艺术对象的观察和理解，结合公共艺术内在各要素的审美规则，有条理地创造出稳定结构的艺术形态。这样展现艺术的形式不仅展示了其内部的结构和外部的表现，还是公共艺术作品存在的状态和方式。通过创作多样而互相统一的艺术作品，不仅可以改变其基本外貌，还可以提高其质量。这种方法能够将本来不和谐和不一致的元素融合为整体，并传达出多样性与和谐统一的美感。公共艺术的视觉特征对于公共空间环境的呈现具有至关重要的作用，包括但不限于作品的规模、大小、比例、空间布局、功能、造型风格、材质质感和色彩运用。创作公共艺术设计和相关环境因素，不仅要注重完整性来凸显其价值，还应积极塑造周围环境，创造正面的影响。

4. 人类共性原则

公共艺术作品和行为是公众关注的焦点，公共艺术家的最高追求是通过全身心地投入和展现个人创造力的方式，表达精神世界和彰显个人价值。在评估公共艺术作品的价值时，我们必须审慎考量其是否具有持久的生命力，是否超越了时代的限制，积极地为不同时代的文明作出贡献，以及是否具有广泛的普适性。如果公共艺术作品的价值无法得到认可，那么它们的永久价值就会失去意义。虽然公共艺术的价值评估通常以个体作品为基础，但它必须从人类的角度出发，以描绘自然生命过程为规则。它涵盖了民族和社会的元素，但同时超越了这些边界，具有更广泛和包容的特点。公共艺术的本质在于基于普遍性与共通性评价个性表现，并结合公共艺术家的个人经验展示人类的内在本质。这种方式使我们能够更好地理解和欣赏公共艺术的普遍意义。此外，在进行人类共性评价时，也无法忽视对"人性"的评估。这主要关注公共艺术作品是否成功呈现了人性的普遍特征，涵盖了人类的多元面貌，如真善美及假恶丑等。在这些元素中，人的尊严、人的价值及人格理想等本质内容尤为关键。因为唯有这样的人性概念，才能在最基础且最深层次上，提升人的生命境界。

5. 社会性原则

社会性原则指公共艺术作品是否与社会的价值理想相吻合。对公共艺术进行评价时，需要达成两个目标：一是通过直觉和评价能力来全面把握公共艺术的本质和意义，以便深入理解其作品；二是需要具备高度的文化意识和责任感，关注公共艺术在整个社会化进程中的发展，进而发掘其独特的社会价值和意义。由于公共艺术是一种意识形态，其中蕴含着社会和国家的主导价值观念和思想倾向。公共艺术反映了社会心理，展现了社会风尚和文明素养，其中包括社会细节和文明进步的方方面面。公共艺术作为一种文化表达形式，展现了受众普遍认同的文化价值和理念。公共艺术作品是艺术家对客观世界的认知、体验和充满个性的艺术创作的反映。但是，同时也要充分考虑公共艺术的社会属性和社会意义，以保证公共艺术作品与社会环境、文化传统、市民需求等相适应，从而达到更广泛的社会意义与审美价值。主体的创造必须符合时代需求，同时也应该具有社会性多元价值的影响，这一点不容忽视。

（二）评价标准

1. 公共性标准

评价公共艺术的首要标准就是"公共性"。公共性是公共艺术评价的前提和基础。公共艺术的公共性评价标准主要在以下方面。

第一，针对城市环境的特定要求，进行设计、创作和选择，使其成为公共环境。公共艺术除了可以美化城市的公共环境和自然风光，还可以为城市赋予独特的特点和文化，成为影响城市风貌的重要因素。一个有机的整体需要它和周围的地理环境、人文环境相互融合。一般而言，公共环境是指供公众交流和活动的场所，代表着丰富多彩的社会内涵。优化公共环境的最佳方式是让人、公共艺术和环境之间达到和谐平衡。这三个元素密不可分，其中人是核心，公共艺术和环境则共同营造出理想的生存环境，满足人们多样化的需求。公共艺术不仅可以改善城市空间，还是成熟公民社会的重要体现。

第二，公共艺术的制作需要多个组织和专家协同合作，包括雕刻家、音乐家、绘画家等的合作，同时也需要城市设计师、建筑师、园林设计师等对环境进行规划和设计，制造技术专家和建设工程师负责实施，同时也需要投资方和权衡者的参与，只有多方合作才能达成最优效果和预期目标。

第三，公共艺术面向广泛的公众，因此它不仅具有高度的价值认同和审美价值，还具有重要的社会教育功能。在公共艺术的创作中，最重要的前提条件是尊重公众的权益。公众是公共空间中首批享有公共艺术品权益的群体。若公共艺术作品无法引起公众的共鸣和认同，那么它在公共空间中的存在就没有任何意义。公共艺术家应当平衡社会共同价值和核心理念的关注程度，同时也应该鼓励精英化和个人化的艺术设计和创作。公共艺术的目标在于将艺术和工艺美术的专业技能、创造力和想象力融入城市复兴和新空间的创造之中，以此强调独特品质的渗透。公共艺术通过创作视觉作品，让空间焕发活力和灵性，呈现出鲜活、有生命力的效果。可以看出，公共艺术与艺术家个人创作是不相同的。公共艺术是一种创新且涉及多方面专业知识的综合艺术形式，需要认识到空间和社会限制，并带有一种对社会责任的理解。

第四，公共艺术的公共性还体现在协调性标准上。在公共艺术领域，没有单一的艺术作品空间，也没有单一的环境场域，二者同构同源，不断发展并相互渗透交融。英国政府和建筑与建成环境委员会（CABE）把公共艺术定义为："对大众而言是永久性或临时性的视觉艺术品，它既可以是建筑物的一部分，又可以是独立的一个实体，包括雕塑、照明、街头陈设、栏杆和标志。"[①] 推而广之，在任意的公共空间系统中，公共艺术只有与其他构筑物（如区域的建筑、场所和街道等系统）一起才能营造出一个完整、和谐、美化的景观风貌。在比较中人们发现，与过去没有植入作品的公共空间相比较，公共艺术给新的景观空间带来了鲜明的人文内涵与精神特性，体现出更为强烈的美学感染力和艺术表现力。

2. 艺术性标准

公共艺术作品的艺术性标准有一个基本的结构，主要包括艺术作品的思想内容、主体形象、表现形式。

在思想内容方面，主题是指公共艺术作品的主旨与内核，是艺术作品的灵魂，是评价体系应重点关注的地方。一个作品的各个元素必须聚合成一个整体，以支持作品的主题。缺乏主题或主题不明确、不严肃的作品缺乏生命力。有时，一本作品可以被赋予多种主题的解释。换句话说，艺术作品的主题具有多重解释的可能性，尤其是在艺术作品较为复杂的情况下，这种特点更加明显。仅仅概括作品主题是不够的，人们在理解作品主题及其含义方面存在差异，因此在评价作品时需要更加细致地把握其主题和意蕴。在对公共艺术作品进行评价时，不仅需要考虑其主题内容，还要深入挖掘作品所包含的深刻且具有普适性、社会性和未来指向性的内涵，即作品的深层含义。所谓意蕴，是指艺术作品中深藏不露的隐含意义或象征意义，需要经过认真地领会和深入思考才能真正理解和感悟。只有用心去揣摩和领悟，才能发现其中的深意和精神内涵。它表现为一种深刻的思想、浪漫的情感或神秘的气息，具有多重意义、含糊不清和暧昧性。艺术作品的永恒魅力源于其所包含的意义和内涵。对公众来说，对艺术意蕴的把握是一个需要时间领悟的过程。例如，贝聿铭在世界著名艺术宝库——卢浮宫的拿破仑庭院内建造了一座玻璃金字塔，在法国引起了轩然大波。这座历史悠久的古建筑如此改造会被认为是破坏其原有的风格，人们担心这里会变成一个纯粹的艺术商业市场。贝聿铭的目标是让更多的人有机会欣赏到人类最伟大的艺术品，他反对将玻璃金字塔与石头金字塔相提并论。因为后者是为死者建造而成，前者则是为生者所创造的。他深信一座透明金字塔的存在可以借助反射周边建筑物上的棕色石头，以表

---

① 赵志红. 拓展的空间与扩延的话语：当代公共艺术研究动态扫描 [J]. 艺术探索, 2007（4）: 56-59.

达他对古老皇宫的崇敬之情。时间的考验证实了巴黎人最初对文化惯例的看法已发生改变，他们批准了这座旨在为现代人服务的玻璃金字塔。相较于艺术品主题，艺术意涵更多地表达了一种抽象的、超越现实世界的精神层面。它是艺术家运用多种技巧和手法，融合出真实与虚构、景象与幻觉的美感，拥有深刻的诗意和思考深度，具有表达宇宙和人生意识的力量。艺术意涵的存在，能够带领创作者和欣赏者达到心灵共鸣的特殊境界，进入高超的审美理想状态。

艺术家在创作中通过将人物、动物、植物及环境形态具象化的方式，表达出自己对生命情感和精神意识的理解，这不仅仅是一种独特的表现方式，更是反映人类生活世界的一种重要手段。同时，这种表现形式也成了艺术作品的重要组成部分。所有艺术作品都以形象为核心，而公共艺术更是如此。艺术作品的核心是艺术形象，这些形象是艺术家反映生活的基本方式。若没有艺术形象，公共艺术作品便不存在。艺术形象是通过艺术家对具体的自然、社会和历史生活现象进行集中、概括和创造，形成的可以被感知的视觉、听觉和综合形象，并且这些形象都有一定的客观性。理想的公共艺术形象应该是经过精心筛选和提炼的典型形象，以充分展示和体现公共艺术的独特特质。典型形象具有独一无二的特质，同时也代表了普遍的意义，充分地展现了个性和共性的无缝结合。此外，它同时也是偶然与必然之间的和谐统一。

在表现形式方面，主要包括形态的造型、色彩、声音、材料等。造型的意义是指在公共艺术创作中，艺术家利用各种技法和美学原则，将不断变化的艺术元素组织起来，形成一种独特的形式，以此来表达艺术思想。艺术的创作旨在表达主题，而造型只是达成这一目的的一种方式。虽然从狭义上讲，造型通常只与美术有关，但它实际上已成为艺术创作的主要元素之一，广泛应用于各个艺术门类中，如戏剧、舞蹈等。除了形象的塑造，艺术还包括色彩、声音等方面的表达和塑造。各种造型都是为了创造有美感、有美学价值的艺术意象或形象。

色彩在公共艺术中的价值已远远超出技术的内涵，成为各艺术样式自身形式美的要素之一。声音同色彩一样，是物质的自然属性。虽然它具备模拟、类比和象征的元素，但它的主要特点在于能够表达出强烈的情感和表情。探索音乐美的范围已经延伸到其他各种艺术领域。建筑被视为静止的音乐。在雕塑中，人们追求美的动感，而在绘画中，人们则探索线条如何与音乐产生共鸣。这一切都归因于音乐所具有的巨大艺术魅力，它激发了人们对其的崇敬和追逐。在公共艺术中，媒介材料是艺术家使用的一种手段和工具，其主要功能在于传递艺术的思想和表现方式。媒介材料的选用直接影响着作品的呈现效果和艺术价值。现今的艺术创作者使用的媒介与过去迥然不同。艺术家可以通过运用多种媒介，如公共壁画、雕塑、装置、影像、表演等方式，为它们注入自己独特的意义和价值。科技的进步，带来了新媒体材料的品质提升和选择的多样性，许多新媒体材料代替以往的公共艺术表现形式，在创作中大放光彩。

3. 公益性标准

公益性标准指公共艺术作品是否符合特定的社会、地域、民族与公众的精神需求。所谓公共艺术的公益性，实质上就是艺术带给人类社会生活，特别是对人类精神生活的实惠和享受。自有人类社会以来，由社会实践所产生的反映社会生活、服务社会生活的公共艺术，为人居环境带来了诸多的便益。

首先，改善社会生活环境。公共艺术为居民提供了优美、舒适的休憩之所，美化了社会环境，是人类居住文化环境的有机组成部分。

其次，彰显场域文化。公共艺术规划设置是在一定的社会场所区域内，因此，在创作设计公共艺术时，要尊重和关注该场域、地域乃至民族的文化历史、优良的传统及民间文化习俗，并与之产生必要的有机联系，使公共艺术的表现内容及精神内涵与公众已有的文化历史产生具有时代感的延续，使艺术的感染力唤起公众的自我认同和回归意识，培植公共精神。

最后，提高公众文化生活品质。出色的公共艺术作品能够为公共空间注入新的活力，提升人们在生活、工作和休闲场所的感知和体验。此外，这项工程大大改善了城市的景观和文化内涵，提升了城市的美感和艺术氛围。同时，这也为公众与艺术之间的互动提供了一个良好的机会。公共艺术和博物馆的艺术不同，它可以被触摸，使公众与艺术更加亲近。公共艺术有助于吸引人们进入其所在的场所，倾听、赏析和交流艺术作品，从而提升人们的文化修养和生活质量。

四、基于现代公共文化服务的公共艺术评价方法

今天的公共艺术，尤其是在公共文化服务体系建设的语境中，城市化进程驱使着公共艺术的健康、快速、高效发展；全国各地在城市管理层面上，都在努力实现建设"诗意的栖居环境"的社会发展目标，而社会公众更为渴望追求人文的乐居家园。可以说，我国的城乡一体化建设走到了迫切需要调节人居环境与人文内涵关系的节点上。在我国公共艺术转型与发展、普及与提高、传统与创新、价值观与社会制度的诸多问题与矛盾的背景下，应当在应用研究中审视公共艺术的本体内涵、价值意义和推进策略，而要从本源上弄清公共艺术的多重深层问题，必须具有全新的科学、系统的公共艺术评价方法。

（一）公共艺术评价方法概述

公共艺术的评价方法隶属艺术批评学，是艺术学的重要组成部分。随着公共艺术的推进和新的艺术学领域的发展，公共艺术的评价方法作为一种交叉、综合的跨界形态，需要以艺术批评学为基础，从各个角度对公共艺术现象进行评价。

公共艺术评价方法是在公共艺术作品（行为）的基础上产生的，评价产生于公共艺术的历史中，不仅注重个人观点，还遵循评价的共同标准。公共艺术的评价方法基于对艺术作品及其表现形式进行研究，采用哲学、美学、心理学、文化学和艺术原理等相关理论或方法，结合个人的艺术感受和体验，以获得有学术价值和启迪性的判断和评价结果，这有利于艺术家及其他人士提升对公共艺术的认识和理解。随着社会形式的演变，相关的评价方式也在不断地发展和变化，使公共艺术活动和作品变得越来越多元化。批评家对公共艺术的评价方法各有不同，这是因为他们的视角、观念、知识背景、理论体系和评价标准各不相同。这些评价方法通常有不同的重点和系统，所以它们都具有自己的方法论意义。各种评价方法有其独特的限制，因此存在多种方法相互协作、相互补充或相互校正的情况。这些方法不断发展并不断更新。

（二）公共艺术评价方法的类型

1. 综合评价

综合评价是对公共艺术作品进行全面分析的过程，其中考虑了公共艺术活动与现实生活的联系、公共艺术创作者、公共艺术作品的结构，以及公共艺术接受过程的现象和规律等多个方面。综合评价旨在综合考量公共艺术活动在多个方面的表现，并进行评价。综合评价的独特之处在于它的"综合性"，即综合评价需要全面而非偏颇地对公共艺术作品进行评估。对于公共艺术活动的综合评价，需要考虑多个方面。不仅要关注公共艺术活动的主体和客体，还需要关注公共艺术作品的制作过程和大众对作品的接受。

2. 公共艺术现象评价

公共艺术现象评价的主要目的在于探究公共艺术活动与现实生活之间的联系，分析其现况、成因及社会根源，并就此作出评价。对公共艺术现象的评价是高度相关的主题，它始终随着公共艺术的变迁和时代的演进而变化。公共艺术活动具有持续变化的特性，不会始终保持不变或静止不动，而是不断涌现出新的表现形式和现象。随着时代的发展和人们观念的更新，我们对于一些过去已经被分析过的现象，包括公共艺术现象的理解和解释也在不断更新，这推动了公共艺术现象的不断发展。因而，我们要考虑当前的环境和不断变化的事件，并在评价公共艺术现象时反映现实状况，以确保评价时具有时效性和动态性。

3. 个案评价

个案评价范围涵盖了对公共艺术家的评价、作品和成果的评价，以及接受评价。对公共艺术家的评价是通过分析公共艺术家的心理结构、创作个性和过程，以及阐释他们的审美意识和倾向来评价其创作能力和作品质量。这类评价也能被视为对公共艺术创作的评估。作品和成果的评价可以分为两种，分别是针对作品本身的评价和针对作品的实际执行情况的评价。其中，针对作品本身的评价主要是通过分析和评价公共艺术作品的特征、类型、本质及构成规律等方面来揭示公共艺术作品的一般规律和特点。评价实践是对作品进行反馈的过程，可以从多个角度对作品进行评估。

（三）基于现代公共文化服务的公共艺术具体评价方法

1. 社会历史批评方法

社会历史批评是一种批判手法，它从社会和历史的角度出发，对公共艺术及其现象进行观察、分析和评价。它不断强调历史感知和历史观点，并把公共艺术置于特定的历史背景下进行研究。它也专注于探索公共艺术与社会之间的互动关系，旨在深入阐释公共艺术的演变及其受到的社会影响。因而该领域对于批评具有重要的地位，对批评实践有着重要的影响。

作为反映社会现实生活的精神现象，公共艺术产品的本质属性决定了社会历史批评是一种注重社会历史发展角度，考察和评价公共艺术作品及其现象的批评理论与方法。此理论强调公共艺术与社会历史的密切关系，将批评对象置于特定的社会历史文化背景中予以评估。数字和定量分析方法很难应用于"社会历史"这个领域。随着人们对公共艺术的认知不断提高和研究范围的扩大，对于社会历史的评价也变得更加容纳和深入，因此我们需要更加深刻地理解和掌握社会历史的批判。

公共艺术的形成离不开特定的社会文化背景，这个背景由当时的人际关系、社会意识形态及历史文化遗产等构成。这些元素共同作用，塑造了公共艺术的风貌。评价作家的作品时，我们应以公共艺术与社会关系为主要标准，这是社会历史批评的总体原则和特点。这一原则和特点在社会历史批评中被强调和突显。

首先，通过对艺术家的背景及时代背景的综合分析和研究，将作品放置于具体的社会历史背景中。公共艺术的创作与社会历史紧密相连，它的本质是通过再现社会生活来表现文化与价值观。社会历史学家们普遍认为，这是公共艺术的一个核心原则和典型特征。因此，在对社会历史进行批评时，我们着重研究公共艺术与社会之间的相互作用，并强调作者在创作和思考方式方面所受到社会时代、历史环境和现实生活的影响。社会历史批评强调了公共艺术与社会现实之间的紧密联系，在此基础上鼓励艺术家积极参与社会进步和艺术发展。同时，挖掘公共艺术作品的深层含义，以实现更广泛和深远的影响，有利于促进公共艺术的繁荣和发展。为了对公共艺术作品进行全面深入的历史分析，需要结合艺术家的个人经历和社会背景，以探讨作品背后的复杂历史因素。这样做能够提供准确的评价和定位，帮助我们更好地理解艺术家及其作品。

其次，社会历史批评强调作品反映社会生活的真实性、倾向性和社会认识功能，注重对公共艺术作品的社会历史内容进行解读。评判标准通常以真实性和倾向性为关注点。真实性指的是公共艺术作品展现的社会生活场景和艺术形象与实际情况的符合程度。如果作品不能真实地反映社会生活，就无法达到让人们认识生活本质的目的。艺术的真实性更接近社会生活的本质，因此比实际生活本身更具有精神的感染力。此外，社会历史批评也关注作品中所传递的情感和心理活动的真实性。倾向性是指作品表达的思想、观点和立场。这种倾向性可以体现作品对社会问题的态度和观察力，以及对历史事件和社会变革的解读。通过分析倾向性，社会历史批评可以揭示作品传递的社会意义和价值观。

最后，通过对公共艺术作品所反映的社会议题展开研究，以关注人际关系和社会互动方面为重点，进而深入剖析其艺术形式和审美价值。公共艺术的价值在于它的整体性，艺术作品的内容和形式相互依存，缺一不可。没有形式的内容或没有内容的形式都不完整。社会历史批评随着时间的推移不断革新，强调通过高度精湛的艺术形式表达深刻的思想内涵，以实现内容与形式的无缝衔接。然而，在开展社会历史批评的同时，我们还需对作品的艺术形式进行分析。因为不同的艺术形式会对作品产生惊人的长远影响。社会历史批评重在分析公共艺术作品所反映的人与社会关系，强调将审美价值与艺术形式紧密结合起来，而不是仅仅关注形式本身。当具体分析公共艺术作品时，社会历史批评需要从广阔的社会历史视角来审视，而非以狭隘的角度来看待这一艺术现象。这种方法的目的是通过揭示其起源和深刻内涵，进一步确定公共艺术作品的思想和艺术价值。这已成为社会历史批判中惯用的方式。

2. 心理批评方法

心理批评是以心理为视角，主要运用现代心理学、艺术心理学的理论和方法，对艺术家、公共艺术作品及欣赏者的心理内涵进行深入探析和评论的公共艺术批评模式。

19—20世纪，西方文化的最大转变就是从过去的古典理性主义转向被一些人称为非理性主义的思潮。公共艺术创作上的变革导致了现代主义对物质世界及现实生活背后的心理描绘上的狂热。在公共艺术批评领域，出现了一些批评流派，其中最显著、影响最深远的是心理批评，其理论与实践备受关注。

有关的审美实践及艺术理论都表明，人类的艺术活动过程，实际上是一个循环往复的完整系统，即现实→艺术家→作品→欣赏者→现实。这就是说，现实生活经过艺术家的加工改造，创造出具有审美价值的公共艺术作品，然后通过视觉和听觉作用于欣赏者的心灵，从而产生一种改造现实生活的力量。艺术家在把现实生活加工成公共艺术作品的过程中，包含着复杂的创作心理活动；当艺术家将自己对生活的审美体验传达给欣赏者时，他所借助的媒介（公共艺术作品）也有许多心理现象需要研究；欣赏者要感受、品味公共艺术作品，其中又包含着复杂的欣赏心理活动。壁画的存在是构成空间环境的物质因素之一。作为一种公共艺术类型，壁画往往要借助各种表现手法，将环境空间作为整个背景，以近乎完美的形式使欣赏者达到视觉上的满足感。祝大年的陶瓷彩绘壁画《森林之歌》，就是通过营造一个开阔而深远的虚拟空间，并与其他因素一起组合成特定的"场所"，通过美的创造使其具有精神方面的内涵与意义，产生严肃、庄重、神秘、放松、欢快等多种氛围，以满足主体对气氛、格调、意境等方面的要求。

公共艺术的心理批评的方式，一方面要受到公共艺术心理活动特性的规范，另一方面又要受到批评者艺术观念、心理观念的制约。在具体的操作上，需更多地借鉴心理学研究中某些常用的方法。主要包括以下方式。

（1）个案分析方法

在心理学领域，法则研究法和个案研究法代表着两种不同的研究方向。法则研究法的目的是确定与心理活动相关的普遍法则和原理，从而应用于各种心理现象。个案研究方法通过深入研究个体的特定情况和背景，可以更全面地理解艺术家的创作动机、思想和创作过程。这种方法能够揭示个体的独特性和个体与作品之间的关联，从而提供更深入的洞察力。它主张每个人都拥有自己的价值观和原则，并应该能够自主地生活，而无须受制于人为设定的普遍规则。在公共艺术评价机制中，每位杰出艺术家和欣赏者都具有独特个性，而每项成功的公共艺术作品都是独一无二的。因此，在公共艺术心理批评中，个案分析方法是一种基本的方法。通过与个别艺术家互动、交流、调查、研究，并对其个人档案、传记进行深入分析，甚至还进行了某些特定心理功能指数的测试，以识别其独特的心理构造和心理行为特征。对于艺术家的作品进行深入分析时，应该着重考虑个人心理因素，这是因为公共艺术作品常常蕴含了创作者内心深处的丰富心理元素，如气质、个性、动机、欲望、习惯，以及感官、本能、情感等方面。这些因素是公共艺术作品的关键组成部分。通过仔细地分析这些文化产品，我们常常能够揭示艺术家内心活动的发展历程，从而更深层次地理解他们公开的艺术心理活动。

（2）心理发生学方法

皮亚杰（Piaget）的心理学被称为"遗传认识论"，因为他的理论强调了遗传在认识发展中的重要性，关注了思维和行为的遗传和环境因素相互作用的发展过程。弗洛伊德（Freud）的"人格理论"明显包含了发展心理学的主要内容。他的观点是，在一个人成为成年人之前，大约在六岁，人格中各种心理素质的模式已经基本建立。因此，一个人的"初版人格"就在那时候形成了。换言之，六岁左右的经历对于人格的形成至关重要。通常，一个艺术家的艺术个性可以追溯到他在儿童时期甚至是婴幼儿时期的生活经历。在创作公共艺术作品时，很多主题在艺术家知名之前就已经被广泛涉及了。

艺术家在从事公共艺术创作领域的早期积累了许多经验，这些经验可以作为心理分析的起点。公共艺术作品中的具体形象，也常常运用心理发生学方法进行分析研究。这些方法不仅局限于个人层面，还可以拓展到文化人类学领域，以及人类童年时期和艺术家所在种族、地域的集体无意识层面。

（3）话语报告方法

在心理学中，内省法要求研究对象自主描述自己的心理活动状态、过程和结果，可以通过口头或书面方式进行表达。问卷法是一种常用的批评艺术作品的方法，批评家会根据自己的需求设计问题，让艺术家或欣赏者回答，然后通过整理、分析、解释、综合、论证等方法，得出结论。这种方法是有目的、有计划的。公共艺术中实行话语报告方法并不费力，因为公共艺术家通常会愿意分享一些创作体验，如自传、日记或回忆录等。由于这类材料常常太过刻意，所以在运用批判性思维时必须有一个明确的鉴别标准。一般情况下，大部分艺术家是真诚的。用口语化的语言，适当地描述问题，通常会提供大量有趣且有用的信息，可以用来批评公共艺术心理。了解公共艺术作品创作历程的重要途径之一就是研究作品的文本和手稿。我们可以通过对不同版本的作品进行比较，分析艺术家手稿中反复修改的痕迹，来较为精准地了解公共艺术创作中的心理活动规律。

（4）观察法

观察法是一种研究者通过在日常生活环境中观察、理解和分析人的行为、情感等来推测人的心理活动特征的方法。这种方法不需要对环境进行严格的控制。人的内心存在着心理活动，而艺术的创作和欣赏也都是发生在人们内部的心灵世界中，这些活动无法通过直接观察来获知。然而，人的内在思维可以透过他们所展现的外在行为表现出来。根据弗洛伊德的说法，任何有视觉和听觉能力的人都可以相信，因为没有人能保守自己的秘密。如果口头沟通无法进行，他会用手指传达秘密信息。他满身散发着秘密，无所遁形。倘若我们将此方法用于研究公共艺术心理学，我们就能够通过观察艺术家的言行、习性、态度等来推断他们的艺术取向、个性特征、审美喜好及创作态度。尽管如此，评论家并非总能够直接与他们所批评的对象接触。因此，收集与公共艺术家有关的印象、传闻及其他艺术家朋友的回忆等材料是一个可行而必要的方式，来获取间接的观察资料。

（5）精神病理学方法

从古希腊时代开始，就有观点将艺术天才与疯子相提并论，认为公共艺术的创作心理状态表现为精神上的非正常状态。柏拉图（Plato）认为文学艺术是在精神迷狂状态下的产物，亚里士多德（Aristotle）有时也认为诗歌领域的杰出人物存在某种精神病症。现代心理学指出，人的生理状态与心理状态之间并无明确界限。精神活动和情绪活动与生理和病理状况紧密相连。在公共艺术创作方面，艺术家的气质、人格、神经类型、民族血统，以及创作热情、活力、生命力、内分泌和性机能等因素，都与创作心理状态密切相关。艺术家的生理缺陷甚至可以直接或间接影响他们对公共艺术创作的选择。

心理学教授指出，一些杰出的作家和诗人常常展现出精神病理学症状，如精神分裂、歇斯底里和抑郁症。相比于相对天赋不高的作家，具有创造性的作家在精神病理学方面的得分更高。威尔逊（Wilson）指出，这些艺术家拥有强大的毅力来对抗这些病症，远胜于一般患者。另外一些学者通过研究大量资料发现，在艺术创作中，变态或病态的心理状态实际上是一种正常现象。这些学者认为，这些病态心理状态在公共艺术创作活动中可能是一种难得的"高峰体验状态"。

当我们欣赏公共艺术作品时，我们通常会思考几个问题。其中，最常见的问题之一是"这件作品是由谁（艺术家）创作的？"艺术史研究最初通常致力于确定艺术作品的作者。紧接着的问题是"这件艺术作品描绘或表现了什么？"或者"这件作品的主题或题材是什么？"，这引发了图像学的研究领域。图像学可被视为艺术史的一个分支，专注于视觉艺术作品的主题、深层含义和内涵。通过研究视觉图像与文化资源的关联，以及与文化、社会和历史事件的互动，图像学旨在解释公共艺术作品的主题和意义。

3. 图像学批评方法

图像学最初不涉及艺术作品的归属或断代问题，而是专注于揭示公共艺术作品的意义。图像学研究者避免评判艺术作品的审美价值，而是关注每幅图像在研究中的同等重要性。图像学的首要目标是识别公共艺术作品中描绘的内容，并解释艺术家想要传达的深层含义。该领域关注追溯艺术家使用的材料，包括文献和视觉资源。图像学进一步研究特定作品的主题，探索这些主题在历史中的传统、发展和含义。通过图像学研究，人们可以更深入地了解公共艺术作品背后的意义和象征，揭示艺术家的意图和创作背景。这种研究有助于我们更好地欣赏和理解不同时代的艺术作品，以及它们在文化和历史背景下的重要性。图像学的方法和原则为我们提供了一种深入解读艺术作品的工具，帮助我们更全面地理解和解释艺术的复杂性和多样性。例如，从图像学批评方法的角度解读隋唐时期敦煌壁画这一公共艺术。第一，飞天形象的变化：随着历史情况的变化，飞天形象在敦煌壁画中也发生了变化。在隋代，飞天形象开始世俗化，呈现豪放和清新的特点。到了唐代，飞天形象更加富丽绚烂，神态怡然，体态丰腴，衣着华丽，色彩明亮。这反映了隋唐时期社会政治经济的繁荣和人们追求享受的态度。第二，艺术表现手法：壁画中的艺术表现手法是理解壁画意义的重要途径之一。画家通常不会直接表达自己的想法，而是通过特定的艺术手法来传达信息。例如，隋代飞天壁画中的青灰色、蓝灰色、黄色和土黄色的对比，给人以强烈而轻快的感觉。这种简洁而有力的色彩运用与北魏时期的夸张风格有明显的不同。第三，历史背景的影响：要深入理解隋唐时期敦煌壁画的本质意义，需要考察当时的历史背景，包括政治、经济和社会状况等。隋代只存在短短38年的时间，但飞天壁画并没有出现新的内容，而是在表现手法上展现了豪放和清新的特质。这可能与隋代政治经济的发展和社会氛围有关。通过以上的观察和分析，我们可以更好地理解隋唐时期敦煌壁画的艺术价值和历史意义。同时，图像学的方法论也可以帮助我们更深入地研究和解读这些壁画作品。

通常情况下，一件公共艺术品具有的意义可以区分出三个层面，这三个层面也可称作图像研究学的三个阶段或三种评价方式。第一层是准确描述我们看到的公共艺术作品的全部信息，并且不做任何的修饰和阐述其中的联系。公共艺术作品中的联系构成了第二层意义。第三层是艺术家赋予公共艺术作品中的更深层次的内涵与含义。发掘意义的三层含义分别被称为前图像学描述、图像学描述和图像学阐释。

（1）前图像学描述

前图像学描述阶段是艺术研究中观察一幅画作的首要步骤。在这个阶段，我们致力于记录作品中描绘的每一个元素，包括人物、物体和环境氛围。这种描述是对作品中事物的粗略陈述，不涉及将它们放置在相互联系的背景中或进行解释。在研究公共艺术时，进行这种描述通常相对简单，因为作品中的事物和情境与我们周围的生活环境相似。然而，仔细观察作品至关重要，因为前图像学描述是正确解释作品的先决条件。即使微小的局部也可能包含重要细节，因此我们需要保持细致入微的观察。

在前图像学描述阶段，除记录作品中的元素外，还需要考虑作品的构图和艺术家使用的颜色。这些因素可能具有重要意义或象征意义，对于理解作品的整体意图至关重要。因此，我们应该留意作品的构图方式和色彩运用，集中于记录作品中的元素和情境氛围，而风格因素可能在后续分析中得到更多关注。

（2）图像学描述

图像学的第二阶段是描述公共艺术作品的"主题"。描述主题是图像学研究中最重要的环节。了解公共艺术主题和题材的相关知识是完成图像学研究的基础。过去的艺术家常常描绘相同的主题，因此同一主题在表现上经常相似。通过查阅复制品按主题分类的收藏，参观博物馆展品和阅读艺术史文献，可以获得大量关于主题的知识。熟悉公共艺术作品的文献资源对于图像学研究至关重要。文献可以直接或间接成为公共艺术作品的材料来源。图像学的翻译在理解和解释公共艺术作品时起着重要作用。艺术家常常受到文献材料和图像学传统的影响。在调查期间，图像研究者应努力发现公共艺术家可能受到哪些艺术作品的影响。

在图像学研究中，主题是对公共艺术作品进行深入分析和理解的关键要素。通过研究公共艺术作品的主题，我们可以揭示艺术家所要表达的思想、情感和意义。这些主题可能是关于人类生活、自然景观、历史事件或宗教信仰等各个方面。了解公共艺术作品的主题有助于我们更好地欣赏和理解艺术作品背后的深层含义。

艺术作品的主题在不同的时代和文化背景下可能呈现出不同的表现形式，但在某种程度上也会存在相似之处。通过比较不同作品中相同主题的呈现方式，我们可以发现艺术家们对于特定主题的共同关注点和表现手法。这种比较研究有助于我们更全面地了解特定主题在艺术创作中的演变和发展过程。

除了直接观察公共艺术作品，研究者还可以通过查阅相关文献资源来深入探讨作品的主题。艺术史文献、展览目录、艺术评论和艺术家传记等资料都可以为我们提供关于主题的丰富信息。通过对这些文献资源的研究，我们可以了解艺术作品背后的创作背景、艺术家的创作动机及作品在当时社会和文化环境中的反响。

（3）图像学阐释

图像学研究的第三阶段旨在揭示公共艺术作品可能具有的更深层或派生意义。在这个阶段，重点在于挖掘作品传达的观念，这种观念可能在初次观察时并不容易察觉。图像学阐释涉及对作品的抽象本质进行解释，关键工具是关于作品、环境、行为或整体图像的象征意义的知识。研究艺术家的视觉和文献资源可以提供启发，因此收集研究对象的文献材料是必不可少的。

此外，艺术史学家对同一艺术家其他作品的解释有助于理解作品的更深层含义。同时，研究同一时代和地区其他艺术家的作品也有助于图像学分析，从中可以获得更广泛的视野和比较。观察经验对图像学分析至关重要，因为只有通过深入观察，才能了解公共艺术作品中的隐喻性思维。最后，逻辑和创造性思维分析是必不可少的，它有助于得出正确结论并提出令人信服的图像学解释。

4. 接受评价方法

公共艺术的接受评价方法是指对于公共艺术接受状况的评价与判断，其主要目的之一就是通过公共艺术评价来沟通作品与公众欣赏者之间的关系。

一方面，公共艺术评价通过对公共艺术作品的描述、阐释、赏析和评价，作用于欣赏活动，从而提升人们的欣赏水平、审美情操和欣赏趣味，促进社会性美育、完善人格的发展；另一方面，公共艺术评价又以不断提升的公共欣赏要求反过来推动创作活动，二者是相辅相成的。这一切得以实现的前提便是公共艺术在大众群体层面被接受。从艺术接受论角度出发，公共艺术家所创造出的作品在未经公众的观赏体验、解读之前，只是公共艺术创作与设计的文本。只有装置在公共空间经过公众观赏、评读、接受，才能转化为现实的公共艺术作品。公共艺术接受的过程，就是公共艺术品由"文本"转化为"作品"的过程。"期待视野"是指接受者自身的生理素质、文化教育、传统积淀及所处的社会历史环境等因素所塑造的接受眼光和特定审美文化心理结构。这些因素共同作用，影响着接受者对公共艺术作品的理解和感知。因此，不同的接受者可能会根据自身的"期待视野”对公共艺术作品产生不同的解读和理解。公共艺术的意象生成过程是一个相互作用的过程。它既受到艺术家的创作意图和符号表达的影响，也受到接受者自身的主观理解和"期待视野"的影响。这种相互作用使得公共艺术作品在不同的接受者之间产生多样化的解读和意义。因此，在公共艺术接受中，接受主体的主观性表现得十分明显。由于人们的文化素养、知识水平、道德观念和生活经历的不同，会造成公共艺术接受的不同。文化素养和知识水平的不同，决定了人们的理解程度的不同。

公共艺术接受虽有明显的差异性，但人的本质是一切社会关系的总和，所以每一个欣赏者都不可能脱离社会而单独存在。个体的欣赏活动必然会受到其所处时代社会群体的影响，接受者从一部作品中所激起的经验联想或感情体验，会常常带有社会的指向性。某一作品在不同的历史背景下，其公共艺术接受是不同的。另外，不同国家和民族的生活习惯、文化环境不同，因此造成了不同的审美习惯和接受心理。这是由这一国家或民族特有的社会文化观念、公共艺术传统所构成的共同的审美心理状态等所决定的。每个民族的历史和文化都不同，这影响着本民族的审美倾向。同一部公共艺术作品，在一个国家或民族大受欢迎，不一定会在别的国家或民族得到认同。

装置艺术是公共艺术的重要类型之一。现代装置艺术作品往往融合嘲讽、社会批评或生活控诉的意味，与现实生活息息相关，引发观众共鸣。蔡国强的《草船借箭》是一部集时代精神和民族特色于一体的装置艺术杰作。作品以历史典故为创作主题，展示了中国人独特的思维方式，象征着时空的转换与共生。通过这一作品，蔡国强传达了对中国传统文化的尊重和对当代社会的思考，引领观众深入思考和感悟。《草船借箭》不仅仅是一件装置艺术作品，更是一种文化的传承和当代精神的体现。它激励人们保持对传统的敬畏和对未来的期许，同时反映了艺术家对社会现实的关注和批判精神。这样的作品不仅仅在审美上具有独特性，更在文化认同和社会价值上具有重要意义，为当代艺术注入了新的活力和内涵。

5. 比较艺术批评

在当今国别文化或民族文化已经交汇成为一种世界性文化语境的趋势中，孤立地研究公共艺术及其作品是难以有效的，也不适应公共艺术的发展需要。比较艺术批评有助于解决孤立地、封闭地研究公共艺术过程中存在的问题。

如今，研究多元文化问题和进行跨视域研究已成为当代学术研究的趋势和基本走向。经济全球化带来了不同文化之间的交流和融合，同时也带来了多元文化和多元观念的挑战。在这种背景下，比较艺术批评成为一种适合的批评方式，能够解决公共艺术系统内多元化和国别公共艺术带来的多元观念。当今社会，后现代艺术理论和思潮对公共艺术产生了广泛影响，从而凸显了比较艺术批评的重要性。这些理论和思潮推动了艺术的多元化发展，使公共艺术不再局限于特定的国别或文化背景。中国公共艺术在特殊语境下崛起，对其他国家的公共艺术产生了影响，使中国文化符号成为世界公共艺术文化语境的一部分。

比较艺术批评作为一种跨视域的研究方法，跨越不同国别、民族、文化圈和学科的界限，包括变迁研究、形态研究、互释研究和交叉研究。通过这些研究方法，我们可以比较不同文化间的艺术表现形式和内涵，深入探讨其背后的意义和价值。比较艺术批评的实践有助于促进文化多样性的认知和尊重，推动文化交流与对话，拓宽艺术研究的视野，推动公共艺术领域的发展。

（1）变迁研究

变迁研究是一种重要的研究方法，旨在探讨公共艺术受到异质元素影响而发生变化的现象。这种研究方法主要通过考证不同文化背景中公共艺术形态和观念之间的"亲缘"关系，以寻找变迁的事实依据和原因。在当今的公共艺术研究领域，变迁研究由于东西方文化交流和现代艺术影响的增加而变得越来越重要。

变迁研究的方法着重于考察不同国家和民族之间的公共艺术在异质元素的影响下如何改变演变路径，从而导致公共艺术形态发生变迁。这种研究方法强调寻找交流活动中的"事实联系"和"精神交往"，通过考证来揭示变迁的特征和原因。文献资料在变迁研究中起着至关重要的作用，包括文字资料和公共艺术作品等。通过深入研究不同文化背景下的公共艺术变迁过程，变迁研究有助于揭示文化交流和影响对公共艺术的影响，从而促进跨文化理解和交流。这种研究方法为我们提供了更深入地了解，使我们能够更好地欣赏和理解不同文化背景下的公共艺术作品。通过变迁研究，我们可以更好地探索公共艺术的多样性和丰富性，为公共艺术的发展和传播提供更加深刻的认识和启示。

（2）形态研究

形态研究是一种研究不同国别和民族之间公共艺术形态及其现象的方法。它的核心在于探究艺术形态中的"异同"关系，通过比照和参量来比较不同国别和民族公共艺术的相似性和差异性特征。

形态研究的方法要求研究者具备对不同国别和民族公共艺术的深入了解，并具备学术能力来比较它们的异同关系。只有在熟悉和理解不同艺术文化的基础上，才能准确地比较不同国别和民族公共艺术的异同关系。形态研究中的"同"

指的是"异体同构"的关系，即不同国别和民族公共艺术中的共性问题。这些共性问题是人类普遍存在的，是比较的基础。形态研究中的"异"则展现出各自艺术文化的独特之处，是不同国别和民族公共艺术中的个性特征。不同国别和民族公共艺术的"同"和"异"是由文化差异所决定的。不同的文化背景导致了不同的公共艺术观念和形态。因此，形态研究需要深入探究不同国别和民族的文化根源，理解公共艺术表现形态的差异，并探讨其思想文化原因。

举例来说，我们可以比较中国大连市滨海路区域和英国威尔士卡迪夫湾的公共艺术。尽管两地都有海滨休闲场所的公共艺术作品，但由于历史文化的差异，它们展现出不同的特征。滨海路更加浪漫，而卡迪夫湾更为多元。这种差异是由两地背后的历史文化所决定的。形态研究不应仅仅停留在对公共艺术表层的探讨和研究，它需要深入不同国别和民族的文化中去寻找引起公共艺术表现形态差异的根源。只有这样，我们才能真正理解不同国别和民族公共艺术的"异同"关系。

（3）互释研究

互释研究是一种研究方法，旨在通过相互解释和理解不同文化、不同国别、不同民族之间的相互关系和相互影响。这种研究方法强调跨文化之间的相互作用和相互理解，以促进文化之间的交流和互动。在互释研究中，研究者通常会深入研究不同文化背景下的思想、价值观、传统习俗等，以了解彼此之间的异同之处。通过对比和分析不同文化之间的相互影响和相互作用，研究者可以揭示文化之间的联系和互动，促进文化之间的交流和理解。互释研究的核心在于建立跨文化之间的对话和互动，以促进文化之间的相互理解和尊重。通过互释研究，人们可以更好地理解不同文化之间的联系和互动，从而促进跨文化之间的和谐与共存。

作为一种跨文化交流和理解的方法，互释研究强调了双向的相互阐释，而不是单向的解释。在这种研究方法中，研究者不仅将不同国别和民族的公共艺术置于自身（或本土）的文化语境中进行理解，还将其置于"他者"的文化语境中，以实现跨文化之间的对话和互动。通过将公共艺术置于不同文化语境中进行理解和诠释，互释研究旨在揭示不同文化之间的联系和互动，促进文化之间的交流和理解。在这个过程中，研究者需要尊重和理解不同文化的独特性和多样性，同时也要关注文化之间的共通之处和相互影响。互释研究的双向相互阐释可以帮助人们超越单一的文化视角，拓展对世界的认知和理解。通过对公共艺术在不同文化语境中的解读和诠释，人们可以更好地理解不同文化之间的联系和差异，促进跨文化之间的和谐发展。如今，互释研究具有更重要的意义，可以促进文化之间的交流与合作，加深人们对世界多元文化的认知，推动跨文化之间的互动与共融。

通过双向的相互阐释，互释研究为构建一个更加包容和多元的世界提供了重要的思路和方法。

互释研究的核心在于通过对"自身"（或"本土"）的艺术文化逻辑和立场的理解，与"他者"的公共艺术进行比较和交流，以揭示和诠释"他者"的文化形象。这种比较和交流不仅有助于深化对"他者"文化的理解，还能够促进跨文化之间的对话和互动。通过互释研究，人们可以从不同的文化视角去审视公共艺术作品，探索其中蕴含的文化内涵和象征意义。通过比较和交流，可以发现不同文化之间的共同之处和差异之处，从而增进对文化多样性的认识和尊重。在互释研究中，重要的是要保持开放的心态和包容的姿态，尊重和理解不同文化的独特性，同时也要关注文化之间的互动和交融。通过对"他者"的公共艺术进行诠释，可以拓宽自身的文化视野，促进文化之间的相互启发和交流。互释研究的实践需要跨越文化边界，建立起跨文化的对话平台，以促进文化之间的互动和理解。通过比较和交流，可以实现文化之间的相互借鉴和共同发展，为构建一个更加包容和多元的世界贡献力量。

在互释研究中，需要建立一种平等的沟通机制，以实现相互真正理解和宽容。这种平等的沟通机制应该包括尊重和倾听对方的观点和意见，而不是单向传递信息或强加自身观点的做法。通过平等的沟通机制，可以建立起相互信任的基础，促进双方之间的真诚交流和理解。在这种平等的沟通过程中，应该尊重每个参与者的文化背景和立场，避免出现偏见和歧视，从而实现真正的互相尊重和包容。此外，平等的沟通机制还需要倡导开放的思维和包容的态度，鼓励参与者积极分享和交流，共同探讨文化差异和共同点。只有在平等的沟通氛围中，互释研究才能取得更加深入和有意义的成果，促进文化之间的和谐共处和共同发展。

（4）交叉研究

在交叉研究中，我们将公共艺术与其他艺术类型和学科进行比较和对比，探讨它们之间的联系和相互作用。例如，我们可以研究公共艺术与音乐、戏剧、舞蹈等艺术形式之间的关系，以及公共艺术与社会学、人类学、心理学等学科之间的关系。

公共艺术的发展和演变与相关的人文社会科学密不可分。通过将世界文化视为一个整体系统，人们对文化进行分类研究并推动了不同但相关的学科的形成。这些学科之间存在着相互影响和交叉的关系，交叉研究的核心就在于解决这些学科之间的"亲缘"关系问题。

此外，交叉研究还关注公共艺术内部不同门类之间的关联。公共艺术包括雕塑、壁画、景观设计等多个门类，它们之间存在着相互影响和交织的关系。通过研究这些门类之间的互动和交叉，我们可以深入了解公共艺术的发展趋势和创新方向。

作为一门跨学科的领域，公共艺术与其他学科（如艺术批评、城市规划等）有着密切的联系。涂鸦壁画和主流公共壁画之间的比较展示了它们在艺术风格、创作理念及受众群体等方面的差异。涂鸦壁画强调个人表达、反叛精神，而主流公共壁画更注重公共性和社会意义。尽管二者在某些方面存在差异，但在城市管理和景观设计中，涂鸦壁画逐渐受到重视，展现出其独特的艺术魅力和影响力。通过对涂鸦壁画在全球范围内的发展和城市管理者态度的讨论，可以看出涂鸦壁画作为一种公共艺术形式，在城市空间中的作用和影响。美国纽约的涂鸦壁画吸引了游客，德国修复柏林墙涂鸦壁画也展示了对历史和文化遗产的重视。涂鸦壁画和主流公共壁画的界限正变得模糊，涂鸦壁画艺术正走向多元并被社会接纳。

在实际操作中，比较艺术批评的方法并不是独立地只使用某一种，而是需要灵活运用多种方法，有时可能会结合多种方法来应对比较视域的复杂情况。这种灵活性和多样性可以更好地促进世界各国和民族之间的公共艺术文化交流、沟通和理解，实现相互补充、吸收，共同促进发展。这也是比较艺术批评的基本原则之一。另外，比较艺术批评还遵循着可比性原则。这一原则要求在研究过程中，尽可能在相同的层面上寻求可比性，对比较视域的学理关系进行研究。通过确保可比性，研究者可以更准确地比较不同文化背景下的公共艺术作品，从而深入理解其差异和共同之处，促进跨文化交流和理解。

五、公共艺术评价是促进现代公共文化服务发展的途径

（一）公共艺术评价的原理需确立目标导向性

公共艺术的核心目标在于提升公众文化生活质量与促进社会和谐。在此原理指导下，评价工作应关注艺术作品对公众开放性、参与性及其社会功能的发挥，如何通过艺术作品的设置与展示，鼓励公众参与公共文化生活，从而提升公共空间的文化氛围和社会成员的文化素质。

（二）公共艺术评价的手段应注重多元参与和跨学科合作

评价过程中需邀请艺术家、文化学者、城市规划师、社会工作者及公众等多

方参与，通过跨学科合作形成评价团队，以确保评价工作从多角度、多层次进行。此外，艺术作品的评价不仅仅关注作品本身的艺术价值和审美特质，更要评估其在社会文化层面所产生的影响，如文化多样性的体现、社区认同感的增强等社会价值。

（三）公共艺术评价须采取定性与定量相结合的方法

定性评价通过观察、访谈、案例研究等方法，获取公众对公共艺术作品的感受与反馈，探讨艺术作品在社会空间中的作用和意义。定量评价则通过问卷调查、数据分析等手段，收集有关公共艺术参与度、满意度等可量化的数据信息，以提供客观的评价结果。

（四）公共艺术评价应强化反馈机制

评价结果应及时公布，并根据评价反馈调整公共艺术项目，确保评价过程和结果能够真正指导和改进未来的公共文化服务。同时，通过建立起有效的反馈机制，可以确保公共艺术项目能够持续地响应公众需求，以及时代发展的趋势，从而推动公共文化服务的持续发展和创新。

参考文献

［1］阮静，周航. 浙江公共文化服务现代化研究［M］. 杭州：西泠印社出版社，2022.

［2］任宗哲. 陕西省公共文化服务创新与实践［M］. 西安：陕西人民出版社，2021.

［3］邹荣. 宁夏乡村公共文化服务与旅游［M］. 银川：阳光出版社，2021.

［4］徐锦江. 上海公共文化服务发展报告（2021）：推进公共文化服务融合共生
　　发展［M］. 上海：上海社会科学院出版社，2021.

［5］朱蕊. 公共文化服务视角下图书馆的采编业务建设［M］. 青岛：中国海洋大
　　学出版社，2022.

［6］刘宇. 公共图书馆促进国家公共文化服务体系示范区建设研究［M］. 北京：
　　中国财富出版社有限公司，2023.

［7］徐靖芮. 公共与文化之间：公共文化服务的地方结构网络［M］. 北京：光明
　　日报出版社，2022.

［8］北京市石景山区文化和旅游局，清华大学中国发展规划研究院. 公共文化服
　　务社会化发展：实践探索与思考［M］. 北京：人民日报出版社，2020.

［9］高静，王闪闪，丁甜甜. 需求导向下农村公共文化服务供给模式研究：重庆
　　实践［M］. 重庆：重庆大学出版社，2019.

［10］陈懋. 中国中部地区公共文化特色化发展实证研究：基于国家公共文化服务
　　体系示范区城市实践［M］. 上海：上海社会科学院出版社，2022.

［11］谢丽航. 文旅融合背景下的新型公共文化空间品牌建设：以福州市图书馆
　　"邂逅·榕图"阅读驿站品牌为例［J］. 河南图书馆学刊，2023，43（12）：
　　116-118.

［12］张萍. "想尽办法"创新公共文化服务模式：青岛市城阳区"片区化"精准服
　　务模式助力现代公共文化服务体系建设［J］. 文化月刊，2023（1）：80-82.

［13］王立源. 健全现代公共文化服务体系 丰富人民群众精神文化生活［J］. 共
　　产党员（河北），2023（21）：32-33.

［14］包明林，段昌华. 农村现代公共文化服务精准供给创新实践探析：基于国

家公共文化服务体系示范区的个案考察［J］. 图书馆研究，2023，53（5）：
52-59.

［15］黄桂云，张丽雅. 论现代公共文化服务创新［J］. 艺海，2023（9）：81-86.

［16］吴慧敏. 现代公共文化服务体系的内涵、意义与构建策略研究［J］. 大众
文艺，2023（13）：7-9.

［17］高颖. 现代公共文化服务体系背景下市级文化馆的建设路径研究［J］. 文
化月刊，2023（6）：127-129.

［18］安英浩. 智慧图书馆推进现代公共文化服务体系构建的研究［J］. 文化学刊，
2023（6）：137-140.

［19］张南. 现代博物馆助力公共文化服务事业发展的策略与途径［J］. 文化产业，
2023（9）：115-117.

［20］徐培进. 文化需求视角下现代公共文化服务体系建设探究［J］. 国际公关，
2022（24）：52-54.

［21］刘庆. 山西省公共文化服务供给机制研究［D］. 太原：山西财经大学，
2023.

［22］贺明悦. 基于县级融媒体的公共文化服务创新研究［D］. 西安：陕西科技
大学，2023.

［23］薛文静. 基于公共文化服务角色定位的县级融媒体中心建设研究［D］. 兰州：
兰州财经大学，2023.

［24］李瑞. 公共文化服务可及性评价及提升对策研究：以郑州市数据为例［D］.
长春：长春工业大学，2022.

［25］杨君. 文旅融合背景下城市旅游公共服务体系的构建与评价研究：以扬州
市为例［D］. 扬州：扬州大学，2023.

［26］张泽群. 文旅融合背景下公共文化场馆发展路径研究［D］. 济南：山东大学，
2022.

［27］何鹏. 公共政策视角下的文化扶贫研究［D］. 武汉：武汉大学，2022.

［28］郭潇洋. 基于 ACSI 模型的社区基本公共文化服务公众满意度模型研究［D］.
天津：天津师范大学，2020.

［29］张陶. 公共文化服务供给的 PPP 模式研究［D］. 徐州：中国矿业大学，
2020.

［30］张世定. 改革开放以来中国共产党乡村文化建设研究［D］. 兰州：兰州大学，
2020.